Nicole Drawer

Todesart: nicht natürlich

© by Pabel-Moewig Verlag KG, Rastatt
www.MOEWIG.de
Originalausgabe
Alle Rechte vorbehalten
Umschlagfoto: Premium Stock Photography GmbH
Printed in Germany
ISBN 3-8118-1808-2

Inhalt

Vorwort 7

1. Kapitel **Unendliche Weiten**
Der Tatort 11

2. Kapitel **Die Uhr des Todes**
Totenstarre und Leichenflecken 15

3. Kapitel **Wenn Zellen sprechen**
Die DNA 23
Speichel 24
Haare 33

4. Kapitel **Spuren im Sand**
Schuhabdrücke und Schuhspuren . . . 45

5. Kapitel **Zähneklappern**
Wenn Knochen zu uns sprechen 55
Zähne 70

6. Kapitel **Die Fingerschau**
Daktyloskopie 81

7. Kapitel	**Fasern und Fasergemische** Spurensuche mit dem Mikroskop	95
8. Kapitel	**Maden, Fliegen und Insekten** Ein Ausflug in die forensische Entomologie	103
9. Kapitel	**Was Einschusswunden verraten** Schuss- und Stichwaffen	111
10. Kapitel	**Selbst Schraubendreher haben einen Fingerabdruck** Werkzeugspuren	125
11. Kapitel	**Blut von Schleifspuren und Blutgruppen**	141
12. Kapitel	**Wenn Mord unentdeckt bleibt** Gifte und Medikamente	159
13. Kapitel	**Psychologen erstellen ein Täterprofil** Profiling	173
14. Kapitel	**Der Faktor Mensch** Zeugenaussagen und ihr Wert	191

Nachwort 201

Literatur 207

Vorwort

Die meisten von uns, zumindest die Krimifans, kennen die Ermittlungsmethoden der Behörden bei Straftaten aus Romanen oder Kino-Thrillern. Wir wissen um die Wichtigkeit von Fingerspuren, selbst die DNA-Analyse ist in aller Munde. Aber wie funktioniert all das im kriminalistischen Alltag?

Wer weiß schon, welche Spuren er jeden Tag an jedem Ort hinterlässt? Speichelspuren an Gläsern und Zigarettenkippen, Faserspuren an Sitzmöbeln, Haare auf Jacken – das ist nur eine kleine Auswahl dessen, was wir jeden Tag »verlieren«. Wenn man es sich genau überlegt, lässt man ständig ein Stück von sich zurück.

Das nutzt die Wissenschaft der Kriminalistik bei der Tätersuche. Lassen Sie uns in die Vergangenheit zurückgehen und die Entwicklung dieser Wissenschaft betrachten.

Erst Ende des 19. Jahrhunderts entdeckte man, dass die Finger- und der Handabdrücke eines Menschen individuell sind – sie existieren kein zweites Mal. Das bedeutete einen Durchbruch in der Kriminalitätsbekämpfung, denn zuvor hatte man sich mit haltlosen Theorien und Ideen herumgeschlagen.

In Anbetracht der Tatsache, dass Zeugenaussagen oftmals nicht den tatsächlichen Ablauf einer Straftat wiedergeben können, sei es durch Lügen der Zeugen oder aber weil es gar keine Zeugen gab, versuchten Anthropologen und Kriminologen eindeutige Merkmale zu finden, die einen Menschen als Täter entlarven könnten.

Ein Beispiel: Straftäter wurden deshalb vermessen und katalogisiert. Man dachte, man könnte bestimmte körperliche Eigenschaften entdecken, die einen Menschen als Verbrecher charakterisierten. Als Vorreiter dieses Irrglaubens galten Cesare Lombroso, ein Kriminologe des 19. Jahrhunderts, und Dr. Louis Adolphe Bertillion, seines Zeichens Präsident der Anthropologischen Gesellschaft in Paris des 19. Jahrhunderts.

Etwa zur gleichen Zeit gab es auch Wissenschaftler, die der Meinung waren, dass das letzte Bild, das ein Sterbender sehe, sich sozusagen in die Netzhaut einbrenne. Man müsse also die Netzhaut eines Mordopfers nur noch abfotografieren, um so, im günstigsten Fall, das Bild des Täters zu erhalten.

So abstrus uns das heute alles erscheinen mag, letztendlich stand der Wunsch dahinter, Straftaten wirksam zu bekämpfen oder gar zu verhindern. Erst das Aufkommen der Daktyloskopie, auch Fingerschau genannt, machte diesen fragwürdigen Methoden ein Ende.

Tatorte sagen heutzutage mehr aus als die Tatsache, dass dort ein Kampf stattgefunden hat. Sie erzählen eine detaillierte Geschichte und lassen uns genau teilhaben an dem Grauen, das sich ereignet hat. Die Aufgabe der Ermittler ist es, diese Geschichte zu entschlüsseln und die Spuren in die richtige Reihenfolge zu bringen. Heute entscheiden einzelne Faserspuren ganze Prozesse, ein Blutstropfen kann den Mörder entlarven. Zeugenaussagen oder Alibis werden hier fast zweitrangig.

Konnte man noch vor hundert Jahren beim Auffinden einer Blutlache bestenfalls entscheiden, ob es sich um Menschen- oder Tierblut handelte, so kann man nun anhand eines einzigen Blutstropfens jeden Menschen identifizieren.

Da stellt sich natürlich die Frage nach dem perfekten Mord. Auf den ersten Blick scheint es ihn nicht zu geben. Zumindest nicht mehr. Hätte man zu Zeiten Jack the Rippers, des Whitechapel-Mörders aus London, unsere heutigen Möglichkeiten gehabt, so wäre er vermutlich gefasst worden. Aber schützt uns die moderne Technik wirklich vor den bösen Auswüchsen Einzelner? Ich denke nicht, denn Täter, gerade Serientäter, lernen mit jeder Tat dazu. Sie machen keinen Fehler zweimal, und sie wissen mittlerweile auch, was technisch möglich ist. Sie verwischen ihre Spuren und bleiben jahrelang unentdeckt.

Bevor ich Sie nun mitnehme in die Welt der Maden, des Blutes und auch der »Haarspaltereien«, lassen Sie uns einige Grundsätzlichkeiten klären.

Um zu erkennen, welche Mühe es die Ermittler kostet, ein Verbrechen aufzuklären, betrachten wir zunächst den Tatort und die erforderliche Tatortarbeit.

1. Kapitel

Unendliche Weiten
Der Tatort

Ein Tatort ist ein Mikrokosmos. Er spricht in seiner eigenen Sprache zu uns, und es gilt, ihn weitgehend vor Beeinträchtigungen zu schützen.

Die ersten Kräfte, die an einem Tatort eintreffen – meist handelt es sich dabei um uniformierte Polizei- und/oder Rettungskräfte – werden auch als »Spurenvernichtungskommando« bezeichnet. Ihnen wird vorgeworfen, am Tatort unkontrolliert »herumzutrampeln«.

Doch ihre vordringliche Aufgabe ist es, erste Hilfe zu leisten oder Gefahren abzuwehren. Erst dann wird, falls erforderlich, eine Polizeifachdienststelle alarmiert, die die weitere Bearbeitung übernimmt. Selbstverständlich ist es wichtig, die vorhandenen Spuren zu schützen, aber auch, keine neuen Spuren zu schaffen.

Wir alle kennen die Bilder aus den Nachrichten, bei denen Polizeibeamte in weißen Papieranzügen agieren und dem Tatort eine sterile Atmosphäre verleihen. Dies ist notwendig, um bei der Arbeit nicht selbst zum »Spurenleger« zu werden. Um die Vernichtung der Spuren so gering wie möglich zu halten, müssen daher immer die gleichen festgelegten Wege eingehalten werden, und zwar so lange, bis ein Abschnitt oder gar der ganze Tatort freigegeben ist. Das gilt sowohl für Tatorte innerhalb als auch außerhalb von Gebäuden.

Je nach Art des Tatortes unterscheidet sich natürlich die zu verrichtende Arbeit.

Betrachten wir in groben Zügen die Arbeit in einer Wohnung, in der eine Leiche gefunden wurde. Zunächst werden die Räumlichkeiten und sämtliche darin befindlichen Details fotografiert. Der Verstorbene wird in seiner Position belassen und, genau wie das Mobiliar und alles andere in der Wohnung, auf mögliche Spuren untersucht. Hierzu nehmen die Ermittler mit speziellen Klebestreifen Faserspuren von Möbeln, insbesondere Polstermöbeln, und von der Kleidung des Toten. Jeder Gegenstand wird gekennzeichnet, der Tatort vermessen. Alles wird detailliert auf eine Skizze übertragen, so dass auch noch nach längerer Zeit, wenn der Tatort längst freigegeben wurde, ein exaktes Bild vorliegt.

Wichtig ist, dass während der ganzen Zeit der Ermittlung ein Tatort nicht verändert wird. Dies kann im Falle einer bereits länger liegenden Leiche unangenehme Folgen haben (etwa durch die Geruchsentwicklung), aber selbst das Öffnen eines Fensters beeinträchtigt den Tatort und ist daher nicht zulässig.

Die Spurensicherung zieht sich meist über mehrere Stunden hin. Der Ermittler gewinnt so ein Bild darüber, was sich abgespielt haben könnte.

Er entwickelt erste Theorien. Dabei sind allerdings nicht nur die vorhandenen Spuren entscheidend, sondern möglicherweise auch die nicht vorhandenen. Der Ermittler muss bei all seinen Überlegungen immer wieder überprüfen, ob seine Theorien haltbar und mit den vorgefundenen Spuren noch in Einklang zu bringen sind.

Ein Tatort muss nicht immer von heute sein: Die Methoden der forensischen Medizin werden auch von Archäologen bei ihrem Versuch, die Welt unserer Vorfahren zu enträtseln, eingesetzt.

Wie ein Team unter Leitung von Tamara Bray von der *Wayne State University* im Mai 2005 berichtete, ergab eine forensische und anthropologische Untersuchung von Knochen, die zusammen mit Scherben an mehreren Orten in Peru entdeckt worden waren, dass es sich um die Überreste von Menschenopfern handelte.

Eine Untersuchung der Knochen ergab, dass die Opfer zwischen vier und zehn Jahre alt waren; es handelte sich um Jungen wie Mädchen. Einige der Kinder waren erdrosselt worden, andere wurden durch einen Schlag mit einem stumpfen Gegenstand auf den Kopf getötet.

Die Analyse der DNS zeigte, dass die Kinder, die an jeweils einer Opferstätte ausgegraben wurden, in der Regel nicht miteinander verwandt waren.

Da die Opfer im Verbund mit hochwertiger Keramik hingerichtet worden waren, kann man annehmen, dass es sich um die Söhne und Töchter hochrangiger Inkafürsten gehandelt haben muss.

Eine Auswertung der schriftlichen Quellen belegte, dass es sich um die archäologischen Überreste einer *Capachoa* genannten Zeremonie gehandelt hat.

So kann es durchaus sein, dass eine bestimmte Spur, die vorhanden sein müsste, nicht zu finden ist, oder dass sich eine augenscheinliche Spur mit einem möglichen Tatablauf nicht vereinbaren lässt. Noch vor Ort muss entschieden werden, ob es sich um einen Unfall oder einen Suizid handelt, ob der Betroffene eines natürlichen Todes gestorben ist oder das Opfer eines Gewaltverbrechens wurde. Es kommt nämlich immer wieder vor, dass ein Tatort inszeniert wurde, dass z. B. ein kaltblütiger Mord als Folge eines missglückten Einbruchversuchs dargestellt wird. Oder aber eine Straftat wird lediglich vorgetäuscht, beispielsweise um sich eine Versicherungssumme zu erschwindeln.

2. Kapitel

Die Uhr des Todes
Totenstarre und Leichenflecken

Es sind nicht nur die mikroskopisch kleinen Spuren, die zur Aufklärung einer Straftat führen.

Der tote Körper eines Menschen ist an sich schon eine Spur. Er gibt uns auf den ersten Blick bereits Anhaltspunkte über die mögliche Todeszeit. Die kann zwar erst von einem Rechtsmediziner genauer bestimmt werden, allerdings geben die ersten Merkmale dem Ermittler Hinweise auf den Todeszeitpunkt. Sie erleichtern es ihm, Zeugenaussagen mit seinen Erkenntnissen zu vergleichen. Ungereimtheiten treten jetzt zutage.

Ein solcher Anhaltspunkt ist die Totenstarre. Bei Eintritt des Todes erschlafft die gesamte Muskulatur. Bei Leichen ist also kein Gesichtsausdruck mehr erkennbar. Das Gesicht wirkt leer; Hinterbliebene, die den Toten noch einmal sehen wollen, empfinden die vertrauten Gesichter oft als fremd.

Allerdings setzen nach dem Todeseintritt biochemische Veränderungen ein, die dazu führen, dass sich die Muskeln verhärten. Diese so genannte Totenstarre beginnt nicht zeitgleich in der gesamten Muskulatur, sondern tritt zunächst

In vergangenen Jahrhunderten herrschte die Angst davor, scheintot begraben zu werden. Zahllose Dichter, darunter der Amerikaner Edgar Allan Poe, haben den Horror der Personen geschildert, die – obwohl noch lebendig – bereits unter der Erde verscharrt worden waren. Die Furcht war sicherlich zumindest teilweise begründet: zum einen deshalb, weil es schwer war, endgültige Kriterien für das Eintreten des Todes festzulegen (selbst Ärzte sprachen vom »verborgenen Leben«), zum anderen deshalb, weil man sich in den ländlichen Gegenden aus Angst vor Seuchen beeilte, einen Verstorbenen so schnell wie möglich zu beerdigen.

Die Kriterien festzulegen, ab wann ein Mensch nun tot ist, war deshalb Ende des 18. und Anfang des 19. Jahrhunderts das Thema einer breiten Diskussion zwischen Medizinern, wie der Historiker Dr. Stefan Haas vom Historischen Seminar der Universität Münster festgestellt hat. Da moderne Hilfsmittel fehlten, galten traditionell unter Medizinern wie Laien fehlende Atmung, Aussetzen des Pulses, die Verfärbung und Temperaturabnahme der Haut sowie Fleckenbildung und Totenstarre als Belege für den Eintritt des Todes.

Erst gegen Anfang des 19. Jahrhundert ging man in Deutschland dazu über, einen Toten 3 Tage lang aufzubahren, um »dem verborgenen Leben die Möglichkeit zu geben, wieder zu erwachen«. Die Feststellung der Totenstarre und der Leichenflecken waren damals also kein Mittel, mit dem Kriminalisten den Todeszeitpunkt einer aufgefundenen Leiche zu bestimmen versuchten, sondern im Gegenteil eine Methode, keine Leiche zu begraben, die noch lebte!

im Kiefergelenk auf, breitet sich dann über Arme und Beine aus und erfasst zum Schluss Finger und Zehen.

Grundsätzlich ist davon auszugehen, dass die Totenstarre 2 bis 3 Stunden nach Todeseintritt beginnt und nach rund 6 bis 9, maximal aber 20 Stunden ausgeprägt ist. Sie löst sich wieder nach 36 bis 48 Stunden, und zwar in umgekehrter Reihenfolge in der Muskulatur. Zunächst lösen sich Finger und Zehen, dann Beine und Arme, zum Schluss das Kiefergelenk. Natürlich ist dieser Vorgang nur ein grober Anhaltspunkt und abhängig von mehreren Faktoren wie etwa der Umgebungstemperatur.

Weitere wichtige Anhaltspunkte für die ungefähre Todeszeit sind die Leichenflecken. Wenn das Herz aufhört zu schlagen, kommt es zum Kreislaufstillstand. Das Blut kann nicht mehr zirkulieren und sackt, dem Gesetz der Schwerkraft folgend, in die am tiefsten gelegenen Körperpartien ab. Höher gelegene Bereiche verblassen, zurück bleiben Flecken, die eine Färbung zwischen hellrot und blauviolett annehmen.

Dieser Prozess beginnt nach ungefähr 20 Minuten, die Leichenflecken sind nach etwa 2 Stunden ausgeprägt. In den ersten Stunden nach Eintritt des Todes sind die Flecken noch »wegdrückbar«, das heißt, sie verschwinden auf Fingerdruck und färben sich weiß.

Dies soll zunächst an Theorie ausreichend sein, um Ihren Blick zu »schulen«. Ich möchte einen Fall schildern, der aufzeigt, dass es nicht immer die moderne Wissenschaft ist, die uns Aufschluss über ein Geschehen gibt.

In diesem Fall sind, wie in jedem der im Folgenden vorgestellten Fälle, die Namen der Beteiligten geändert worden.

Ein Zivi als Mörder?

Am Morgen des 20. Juni ging ein Notruf bei der Feuerwehr ein. Ein junger Mann, eigenen Angaben zufolge ein Zivildienstleistender, gab an, einen seiner Schützlinge tot aufgefunden zu haben. Bei dem Toten soll es sich um den 85-jährigen Wilhelm Anstätter handeln. Aufgrund der Meldung des Zivildienstleistenden André Steinbrück zog die Feuerwehr die Polizei, insbesondere die Mordkommission, hinzu.

An diesem Tag tat Kriminalhauptkommissar Gerd Regehr Dienst. Als der erfahrene Ermittler kurz nach Eingang des Notrufs in der Wohnung des Verstorbenen erschien, bot sich ihm ein Bild der Verwüstung: Der Verstorbene lag auf dem Rücken zwischen einem Sofa und einem umgestürzten Stuhl. Sämtliche Schubladen des Wohnzimmerschranks waren herausgezogen, der Inhalt teilweise auf dem Boden verstreut. Das Badezimmer war ebenfalls in einem chaotischen Zustand. Schlafzimmer und Küche hingegen wirkten aufgeräumt.

Der Zivildienstleistende Steinbrück teilte dem Kriminalbeamten mit, dass er die Wohnungstür angelehnt vorgefunden und daraufhin rufend die Wohnung betreten habe. Er habe den alten Mann dann tot aufgefunden.

Regehr sah sich die Leiche zunächst genauer an. Die Handgelenke und die Beine wiesen Hämatome auf, wie sie durch Abwehren eines Angriffs entstehen. Am Hinterkopf stellte er eine Kopfwunde fest, die anscheinend stark geblutet hatte. Man konnte also davon ausgehen, dass der Fundort des Toten auch gleichzeitig der Tatort war.

In Anbetracht der Verletzungen und des offensichtlich stattgefundenen Kampfes ging Regehr von einem Tötungsdelikt aus.

André Steinbrück gab an, dass er seinen Schützling zuletzt am Freitag, den 18. Juni, gesehen hatte. Er sei im Laufe des Vormittags gekommen und habe für den alten Mann diverse Erledigungen gemacht, unter anderem habe er einen Scheck über 200 Euro bei der Bank eingelöst. Er sei im Anschluss daran mit ihm im Park spazieren gegangen und habe ihn dann, nachdem er ihm das Mittagessen gerichtet habe, gegen 14.00 Uhr verlassen. Er glaubte sich zu erinnern, dass Anstätter die Tür hinter ihm abgeschlossen habe.

Für Regehr stellte sich der von Steinbrück geschilderte Ablauf zwar logisch dar, aber er untersuchte die Leiche in Hinblick auf die Angaben des jungen Mannes erneut. Er stellte fest, dass die Totenstarre voll ausgeprägt war und sich im Kiefer langsam zu lösen begann. Ein Vorgang, der frühestens nach ungefähr 48 Stunden beginnt. Die Angaben des jungen Mannes konnten demnach, was den zeitlichen Ablauf anging, stimmen.

Die Leichenflecken ließen sich nicht mehr wegdrücken. Das bedeutete, dass der Mann seit mindestens 20 Stunden tot war.

Alles zusammengenommen ergab das einen Todeszeitpunkt, der frühestens am Nachmittag des 18. Juni lag.

Regehr hatte unterdessen Zeugen im Haus befragen lassen, ob sie etwas gehört oder gar gesehen hätten. Die Bewohner bestätigten im Großen und Ganzen André Steinbrücks Angaben. Er sei wie jeden Morgen unter der Woche bei dem alten Mann gewesen und habe für ihn eingekauft und kleine Aufträge erledigt. Wilhelm Anstätter habe seit dem Tod seiner Frau vor einigen Jahren sehr zurückgezogen gelebt und zu niemandem im Haus Kontakte unterhalten. Entscheidend für Regehr war jedoch die Auskunft, dass Anstätter niemanden in seine Wohnung ließ. Er hatte, wie es schien, keine Angehörigen mehr und erhielt auch keinen Besuch von Freunden. Er habe stets darauf geachtet, seine Tür verschlossen zu halten. Der einzige Mensch, der Zugang hatte, war der Zivildienstleistende André Steinbrück.

Für Regehr erhärtete sich nun der Verdacht, den er schon zu Anfang gegen Steinbrück gehegt hatte.

Steinbrück hatte behauptet, die Wohnungstür habe offen gestanden und der Schlüssel habe innen gesteckt. Einbruchspuren waren an der Tür aber nicht zu erkennen. Für Regehr stand nun fest, dass es sich erstens um keinen Einbruch handelte, und dass zweitens Wilhelm Anstätter seinem Mörder die Tür selbst geöffnet hatte. Da er aber, den Zeugenangaben zufolge, niemanden in seine Wohnung ließ, blieb nur die Möglichkeit, dass André Steinbrück unter einem Vorwand am 18. Juni zurückgekehrt war und den alten Mann getötet hatte. Bei der Flucht nach der Tat hatte er dann die Tür offen stehen lassen.

André Steinbrück stritt ab, mit der Tat etwas zu tun zu haben. Er blieb bei seiner Version, dass er den alten Mann zuletzt am 18. Juni lebend gesehen und dann verlassen habe. Da es in Anstätters Wohnung eine Vielzahl von Steinbrücks Fingerspuren gab, schien ein Beweis für die Tat des jungen Mannes auf diesem Wege nicht möglich.

Regehr schickte erneut Polizisten los, die in der weiteren Umgebung des Hauses Erkundigungen einholen sollten. Eine Apothekerin erinnerte sich, dass Wilhelm Anstätter am 18. Juni nachmittags in der Apotheke erschien und sein übliches Herzmittel verlangt habe. Sie habe sich noch gewundert, da sie dem Zivildienstleistenden bereits am Morgen das Medikament für den Rentner gegeben habe. Wilhelm Anstätter habe zudem stark verwirrt gewirkt.

Regehr ließ die Hausbewohner erneut befragen. Einer erinnerte sich, dass der alte Mann am 18. Juni gegen 15.30 Uhr das Haus verlassen hatte. Das sei in der jüngeren Vergangenheit des Öfteren vorgekommen, zumal er zunehmend an Altersdemenz litt. Er habe den Mann allerdings nicht zurückkehren sehen. Die wichtigste Erkenntnis, die Regehr aus diesen Aussagen gewann, war, dass niemand im Haus etwas Ungewöhnliches gehört hatte, das auf einen Kampf hätte schließen lassen. Auch hatte niemand den jungen Zivildienstleistenden gesehen, nachdem er das Haus regulär verlassen hatte.

Einer der am Tatort arbeitenden Beamten teilte Regehr mit, dass man in den durchwühlten Schränken Geld und Schmuck gefunden hatte. Ein Raubmord konnte somit ausgeschlossen werden. Das Motiv für André Steinbrück entfiel.

Regehr sah sich die Schränke noch einmal genauer an. Dabei entdeckte er die Geldkassette, die 200 Euro enthielt. Hinter der Kassette fand er eine kleine Tüte mit einem Herzmedikament. Der Kassenbon zeigte, dass es sich um die Packung handelte, die André Steinbrück am Morgen des 18. Juni gekauft hatte.

Unter dem Sofa, vor dem der Tote lag, fand man eine weitere Packung des Herzmittels. Auch hier lag eine Quittung, die die Angaben der Apothekerin bestätigten.

Für Regehr hatte sich das Bild nun geändert: Wilhelm Anstätter schien seine Wohnung nach dem Medikament durchsucht zu haben, da er in seiner zunehmenden Verwirrung nicht mehr wusste, wo er es gelassen hatte. Dies erklärte die durchsuchten Schubladen in Wohn- und Badezimmer. Er hatte offenbar keinen Erfolg, also verließ er das Haus, um zur nahe gelegenen Apotheke zu gehen. Beim Nachhausekommen schloss er die Tür nicht richtig ab.

Allem Anschein nach, und dies wurde später seitens des Rechtsmediziners bestätigt, erlitt er dann einen tödlichen Herzanfall, wobei er zunächst einen Stuhl umriss, möglicherweise bei dem Versuch, sich festzuhalten. Jetzt zog er sich die Verletzungen und Hämatome zu, die Regehr festgestellt hatte. Bei dem Versuch, sich auf das Sofa zu legen, muss er dann endgültig zusammengebrochen sein und schlug sich den Kopf an seinem Tisch an. Dies erklärte die Kopfwunde.

Es war kein Gewaltverbrechen: Wilhelm Anstätter starb eines natürlichen Todes.

3. Kapitel

Wenn Zellen sprechen
Die DNA

Von der DNA hat schon jedes Kind gehört, aber kaum einer weiß, was sich dahinter verbirgt. Das beginnt schon bei den Begriffen. So wurde ich vor einiger Zeit gefragt, was denn der Unterschied zwischen DNA und DNS sei. Die Antwort ist ganz einfach: Es gibt keinen Unterschied.

DNS steht im deutschen Sprachgebrauch für Desoxyribonukleinsäure. Die englische Entsprechung ist DNA, das heißt Desoxyribonucleic Acid.

Sie sehen also, bei beiden Abkürzungen ist von ein und derselben Sache die Rede.

Aber was bedeutet DNA?

Das Leben besteht aus nichts anderem als chemischen Verbindungen. Eine dieser Verbindungen ist die Nukleinsäure, die unsere genetischen Informationen enthält. Der größte Teil dieser Nukleinsäure befindet sich im Zellkern.

Die DNA im menschlichen Zellkern weist 46 Chromosomen auf, davon zwei Geschlechtschromosomen. Das heißt, bei einer Analyse kann man bereits feststellen, ob es sich bei dem »DNA-Spender« um einen Mann oder um eine Frau handelt.

Die DNA enthält die gesamte Erbinformation eines Menschen. Alle Chromosomen sind in identischer doppelter Ausführung beim Menschen vorhanden.

Um die DNA nachweisen zu können, genügen schon winzige Mengen, und zwar von Blut, Haaren, Spermien, Vaginalsekreten, aber auch Hautzellen und vieles mehr sind dazu geeignet.

Es ist sogar möglich, DNA in Kot nachzuweisen, und zwar aus vorhandenen Darmschleimhautzellen.

---

2 Tage – so lange brauchten Rechtsmediziner bislang, um den Samen bei Vergewaltigungsfällen mit einem DNA-Test zu analysieren und auf diese Weise einen Vergewaltiger zu identifizieren.

Im Mai 2005 stellte Frank Tschentscher vom Institut für Rechtsmedizin, Essen, ein neues Verfahren vor, das nur 3 Stunden benötigt, um Samenfäden und weibliche Schleimhautzellen zu trennen. Die Zellen werden aufgrund ihrer unterschiedlichen Dichte in einer Zentrifuge sortiert.

Diese neue Technik ermöglicht es Ermittlern also, bereits am Tag der Vergewaltigung unter den potenziellen Tätern den richtigen zu finden.

SPEICHEL

Wie funktioniert die Tätersuche per DNA-Analyse in der Realität? Ein gutes Beispiel ist der folgende Fall:

Die verschwundene Frau

Am 8. November 2000 erschien Lieselotte Freud bei der Polizei und erzählte eine zunächst harmlos erscheinende Geschichte:

Sie mache sich große Sorgen um ihre Freundin Karin Mannhardt, die seit einiger Zeit verschwunden sei. Frau Freud erzählte dem Ermittler Schachtner, dass sie mit ihrer Freundin gemeinsam einen Friseursalon betreibe.

Vor fast einem Jahr, und zwar Anfang Februar, sei der Ehemann ihrer Freundin verstorben, und Karin Mannhardt sei zunächst sehr deprimiert gewesen.

Ein paar Wochen nach der Beisetzung des Ehemannes sei sie allerdings wieder aufgeblüht und habe von einem Mann erzählt, den sie kennen gelernt hätte. Sie sei ihm auf dem Friedhof begegnet, wo auch er das Grab eines Angehörigen besuchte. Man sei sich dann in vielen Gesprächen näher gekommen. Lieselotte Freud gewann den Eindruck, dass ihre Freundin sich neu verliebt hätte.

Zwei Monate nach der Beerdigung ihres Mannes teilte Karin Mannhardt ihrer Freundin mit, dass sie überlege, mit diesem Mann ein neues Leben zu beginnen und eventuell mit ihm zusammenzuziehen.

Lieselotte Freud freute sich zunächst für ihre Freundin, obwohl sie große Bedenken hatte und dies ihrer Freundin auch mitteilte. Sie befürchtete, dass die Freundin den Schmerz über den Tod des Ehemannes nur verdränge und sich zu früh in eine Beziehung stürze. Karin Mannhardt habe jedoch nur gelacht und gesagt, dass für sie nun ein neuer Lebensabschnitt beginne.

Die Beziehung schien zuerst auch unter einem guten Stern zu stehen, aber ab Anfang Mai hatte Lieselotte Freud den Eindruck, dass ihre Freundin zunehmend nervös und gereizt war. Oft wirkte sie auch sehr in sich gekehrt und traurig. Lieselotte Freud sah ihre Befürchtungen bestätigt und sprach ihre Freundin darauf an. Diese wiegelte allerdings ab und erzählte etwas von *Startschwierigkeiten* in der neuen Beziehung.

Ende Mai dann änderte sich das Verhalten von Karin Mannhardt. Sie war heiter, teilweise sogar ein wenig überdreht, und eröffnete ihrer Geschäftspartnerin, dass sie mit ihrem neuen Freund verreisen wolle. Lieselotte Freud nahm diese Mitteilung mit Skepsis auf, hoffte aber, dass der Urlaub ihrer Freundin gut tun würde. Es machte ihr nichts aus, den Salon ein paar Wochen allein zu führen. Sie wünschte Karin Mannhardt viel Glück. Ihre Befürchtungen behielt sie dieses Mal für sich. Den Freund ihrer Partnerin hatte sie bislang noch nicht kennen gelernt.

Nachdem das Paar ungefähr eine Woche auf Reisen war, erhielt Lieselotte Freud eine nichts sagende Postkarte. Auch telefonierten die beiden Frauen miteinander. Jedes Mal schien Karin Mannhardt bedrückt.

Nach zwei Wochen konnte Lieselotte Freud Frau Mannhardt am Telefon nicht mehr erreichen. Auch wusste sie nicht, wo genau das Paar sich befand.

Nach ungefähr drei Wochen erhielt sie eine Postkarte, auf der Karin ihr mitteilte, dass sie nicht vorhabe, zurückzukommen. Sie wolle sich im sonnigen Süden, wahrscheinlich in Italien, eine neue Existenz aufbauen. Sie bat Lieselotte, sie auszuzahlen und das Geld auf das ihr bekannte Konto zu überweisen. Ihre Adresse teilte sie nicht mit.

Lieselotte Freud schien das Verhalten ihrer Freundin befremdlich, und da Karin Mannhardt keine weiteren Verwandten hatte, an die Lieselotte sich hätte wenden können, ging sie zur Polizei. Sie hatte bisher keine Zahlungen auf das Konto ihrer Freundin geleistet und bat nun die Polizei um Hilfe. Die wechselnden Stimmungen ihrer Freundin machten ihr Sorgen. Sie hatte Angst, dass etwas passiert sein könne. Erst jetzt fiel ihr auf, dass die Verabredungen, bei denen sie den neuen Lebensgefährten ihrer Freundin kennen lernen sollte, immer kurzfristig mit fadenscheinigen Entschuldigungen abgesagt worden waren.

Der Ermittler Schachtner teilte Frau Freud mit, das man in so einem Fall kaum handlungsfähig sei, da Frau Mannhardt erwachsen und somit alt genug sei, um ihren Wohnort frei zu wählen.

Allerdings kam ihm selbst die ganze Geschichte merkwürdig vor. Er erinnerte sich an einen Fall, den ihm ein Kollege ein Jahr zuvor bei einem Seminar geschildert hatte.

In diesem Fall war ein junger Mann zu ihm gekommen, um das Verschwinden seiner Mutter, Barbara Ludwig, zu melden. Auch sie hatte einen Mann kennen gelernt, mit dem sie nach einigen Monaten Bekanntschaft in Urlaub gefahren sei. Auch in diesem Fall war nach einigen Wochen eine Postkarte gekommen, auf der sie mitteilte, dass sie sich mit dem Mann, den sie nur »Hannes« nannte, eine neue Existenz in Südfrankreich aufbauen wollte. Auch sie hinterließ keine Anschrift. Der Sohn hat nie wieder etwas von seiner Mutter gehört, jedoch stellte er fest, dass von dem Konto seiner Mutter erhebliche Summen abgebucht worden waren. Es hatte den Anschein, als hätte sie vom Ausland aus ihr Konto fast leer geräumt.

Vor dem Hintergrund dieser Geschichte beschloss der Kriminalbeamte Schachtner tätig zu werden. Er bat Lieselotte Freud um die Postkarte sowie um weitere Schriftproben der verschwundenen Karin Mannhardt. Diese ließ er von einem Graphologen untersuchen.

Es stellte sich schnell heraus, dass die Handschriften der Postkarte wie der Vergleichsproben identisch waren und somit eine Fälschung ausgeschlossen war.

Es schien wirklich so zu sein, dass sich Lieselotte Freud »abgesetzt« hatte. Der »Fall« wäre hier abgeschlossen, doch war Schachtner noch immer beunruhigt.

Die Episode mit dem neuen Freund, der in beiden Fällen eine Rolle spielte, kam ihm merkwürdig vor. Er kontaktierte den Kollegen und erzählte ihm die ganze Geschichte. Bei diesem Gespräch stellten sich weitere erstaunliche Parallelen heraus.

Auch in dem 18 Monate zurückliegenden Fall war die betreffende Frau gerade Witwe geworden. Auch sie hatte nach einiger Zeit von einem neuen Mann gesprochen, den sie auf dem Friedhof kennen gelernt hatte. Der Mann war in der Familie nur als »Hannes« bekannt.

In beiden Fällen waren die Witwen nicht unvermögend. Der einzige Unterschied zwischen den beiden Fällen war die Tatsache, dass sie sich nicht in derselben Stadt abgespielt hatten. Beide Orte lagen rund 800 Kilometer auseinander.

Schachtner war nun alarmiert. Er war davon überzeugt, dass es sich bei dem Mann in beiden Fällen um ein und dieselbe Person handeln müsse. Ein Zufall war seiner Meinung nach ausgeschlossen. Und er ging ferner davon aus, dass der Mann, da beide Frauen ihn auf dem Friedhof kennen gelernt hatten, bei der Beerdigung der Ehemänner ebenfalls anwesend war. Er bat seinen Kollegen, ihm Bilder der Beerdigung, soweit vorhanden, zu übersenden.

Gleichzeitig bat er Lieselotte Freud ebenfalls um eventuelle Fotografien der Beisetzung des verstorbenen Herrn Mannhardt.

Lieselotte Freud kam seiner Bitte nach. Gemeinsam betrachteten sie die Fotos. Frau Freud konnte fast jeden Besucher identifizieren, bis auf einen Mann um die Fünfzig, der sich ein wenig abseits der Trauergemeinde hielt. Zu dem gleichen Ergebnis kam sein Kollege, mit dem er nun regen Kontakt unterhielt. Auch hier konnte fast jedes Mitglied der

Trauergemeinde identifiziert werden, bis auf einen Mann. Ein Vergleich der Fotos ergab, dass es sich um dieselbe männliche Person handelte.

Weitere Ermittlungen führten zu dem Ergebnis, dass es sich bei Mann um Johannes Busch, einen Betrüger handelte, der bereits mehrmals vorbestraft war. Seine bisherigen Delikte waren vergleichsweise harmlos, aber der Ermittler Schachtner ging nun davon aus, dass dieser Mann mit dem Verschwinden der beiden Frauen zu tun hatte. Es hatten ja beide Frauen von einem »Hannes« erzählt. Mittlerweile befürchtete Schachtner, dass beide Frauen nicht mehr am Leben waren.

Er wandte sich mit seinen bisherigen Erkenntnissen an die Staatsanwaltschaft – und bekam sehr schnell, was er wollte. Johannes Busch wurde zur Fahndung ausgeschrieben und nun europaweit gesucht.

Schachtners Befürchtungen bezüglich der beiden Frauen erhärteten sich, da sich auch nach einem Zeugenaufruf in der Presse keine der beiden Vermissten bei ihm meldete.

Johannes Busch wurde schließlich bei einer Passkontrolle an einem deutschen Flughafen gefasst.

Freimütig gab er gegenüber Schachtner an, dass er die Bekanntschaft der Frauen gesucht hatte, nachdem er Todesanzeigen in der Zeitung studiert hatte. Er gab ebenfalls zu, dass beide Frauen ihm Geld gegeben hätten. Allerdings habe er sich recht bald nach Beginn des jeweiligen Urlaubs von den Frauen getrennt.

Im Falle von Karin Mannhardt stellte er die Ereignisse folgendermaßen dar: Er sei mit der Frau am 8. Juni 2000 in einem kleinen Hotel in den italienischen Alpen abgestiegen. Zunächst hätten sie geplant, dort ein paar Tage zu bleiben und am 11. Juni nach Mailand weiterzureisen. Am 12. Juni 2000 hätten sie sich jedoch zum wiederholten Mal gestritten. Karin Mannhardt habe darauf wutentbrannt mitsamt ihrem

Gepäck das Hotel verlassen. Sie hatte angekündigt, ohne Johannes Busch nach Mailand zu fahren. Von diesem Zeitpunkt an habe er nichts mehr von ihr gehört.

Schachtner war sich sicher, das Busch ein Heiratsschwindler war, der beide Frauen, nachdem sie ihm auf die Schliche gekommen waren, getötet hatte.

Durch einem Gerichtsbeschluss konnte Schachtner die Konten der beiden vermissten Personen einsehen. Jetzt wurde klar, dass in dem jeweils zur Debatte stehenden Zeitraum hohe Summen abgehoben wurden. Zusammengenommen handelte es sich um einen Betrag in Höhe 65 000 Euro.

Johannes Busch gab zu, dass ihm ein Großteil des Geldes übergeben wurde, allerdings nur als Darlehen – eine Aussage, die weder bewiesen noch widerlegt werden konnte.

Schachtner war klar, dass er keine Zeit mehr hatte und Gefahr lief, dass Johannes Busch, erst einmal auf freiem Fuß, untertauchen würde.

Nun kam Kommissar Zufall zur Hilfe, denn die italienische Polizei meldete sich bei Schachtner und teilte ihm mit, dass man die Leiche einer deutschen Urlauberin gefunden habe. Sie sei anhand der bei sich geführten Papiere als Karin Mannhardt identifiziert worden. Allem Anschein nach war sie in der Nähe eines kleinen Ortes in den Alpen bei einer Wanderung abgestürzt und in eine Felsspalte gefallen. Sie hatte lediglich einen Rucksack bei sich. Den Aussagen des Rechtsmediziners zufolge war die Frau bereits seit mehreren Monaten, wahrscheinlich schon seit Anfang Juni tot.

Zunächst sah alles nach einem Unfall aus. Die Polizei vor Ort hatte mit den Nachforschungen begonnen und es stellte sich folgendes Bild dar:

Zunächst wurden die Angaben von Johannes Busch bestätigt. Beide Personen waren am 8. Juni 2000 eingetroffen. Beide schienen wie ein normales Paar in mittleren Jahren, das sich erholen wollte. Einer der Angestellten sprach sogar davon, dass es den Anschein hatte, als ob die beiden ihre zweiten Flitterwochen verlebten. Aber bereits zwei Tage später, am 10. Juni 2000, wandelte sich das Bild. Das Paar stritt so laut auf seinem Zimmer, dass andere Urlauber dem Hotelmanager baten, diesem Lärm ein Ende zu setzen. Es schien um Geld zu gehen, allerdings konnte die Polizei keine besonders eindeutigen und klaren Angaben erhalten.

In den folgenden beiden Tagen kam es immer wieder zu verbalen Auseinandersetzungen zwischen dem vermeintlich glücklichen Paar, so auch im Speisesaal vor anderen Gästen.

Am 12. Juni 2000 checkte Karin Mannhardt aus und wurde von dem Personal nicht mehr gesehen; einen Tag später verließ auch Johannes Busch das Hotel. Wo er sich am 13. Juni 2000 aufgehalten hatte, konnte nicht mehr in Erfahrung gebracht werden. So wusste niemand zu sagen, ob er Karin Mannhardt gefolgt war oder nicht.

Eigenen Angaben zufolge kehrte Busch am 13. Juni 2000 nach Deutschland zurück. Zeugen hierfür konnte er nicht beibringen.

Schachtner erinnerte sich an die Postkarte, die Karin Mannhardt an Lieselotte Freud geschickt hatte. Zweifelsohne war diese Karte von Karin Mannhardt selbst geschrieben worden. Das hatte der Graphologe bestätigt. Der Poststempel war datiert auf den 25. Juni 2000, also etwa zwei Wochen nach dem Verschwinden von Karin Mannhardt.

Und noch etwas fiel Schachtner auf: Die Karte war in Mailand abgestempelt. Schachtner kontaktierte also die Kollegen in Italien und ließ sich beschreiben, was genau man bei der Toten gefunden hatte. Ihm wurde eine Liste aller Gegenstände gefaxt. Jetzt wurde sein Verdacht zur Gewissheit.

In dem Rucksack der Toten hatte man neben dem Personalausweis und der Quittung vom Hotel noch etwas gefunden: eine nicht gestempelte Bahnfahrkarte nach Mailand. Nun musste nur noch bewiesen werden, dass Johannes

Busch für den Tod der Frau verantwortlich war. Schachtner sah nur eine Möglichkeit: Über die Staatsanwaltschaft beschaffte er sich einen richterlichen Beschluss, der ihn berechtigte, Johannes Busch eine Speichelprobe entnehmen zu lassen. Dann analysierte er den Speichel auf der Briefmarke, die auf der Karte klebte, die angeblich von Karin Mannhardt aus Mailand geschickt worden war, ebenfalls. Die DNA beider Speichelproben war identisch.

Karin Mannhardt hatte diese Karte nicht verschickt. Wann sie die Karte geschrieben und warum sie sie nicht selbst abgeschickt hatte, konnte nicht mehr geklärt werden. Schachtner vermutet jedoch, dass Busch von vornherein geplant hatte, die Frau zu töten, und sie vor dem Mord zwang, die Karte zu schreiben. Er versuchte damit, Zeit zu schinden, die Freundin in Deutschland zu täuschen und so eine Vermisstenanzeige zu verhindern oder zumindest herauszuzögern.

Man ging also davon aus, dass Johannes Busch die Karte von Mailand aus geschickt hatte, um das Verschwinden der Frau zu verschleiern.

Nach der Veröffentlichung von Johannes Buschs Bild in der italienischen Presse wurde er von einem Zeugen wieder erkannt. Dieser erklärte, dass sich Busch, entgegen seinen Aussagen, in Mailand aufgehalten hatte und dort zwischen dem 14. und 15. Juni angekommen war. Aufgrund der Kontobewegungen konnte bewiesen werden, dass bis Ende des Monats immer wieder Geld mit einer Kreditkarte der Toten abgehoben worden war, zuletzt am 28. Juni. Da die Frau laut Angaben des Rechtsmediziners zu diesem Zeitpunkt bereits tot war, ging die Staatsanwaltschaft davon aus, dass das Geld von Johannes Busch abgehoben worden war. Sie ging ferner davon aus, dass er die Postkarte abschickte, um Karin Mannhardts Spur zu verwischen und ihren Tod zu verschleiern.

Dieser Auffassung folgte auch das Gericht und verurteilte Johannes Busch wegen Mordes.

Das Gepäck von Karin Mannhardt wurde bis heute nicht gefunden. Man vermutet, dass Johannes Busch es auf dem Weg nach Mailand hat verschwinden lassen.

Er selbst verweigert jegliche Kooperation.

Über den Verbleib von Barbara Ludwig ist bis heute nichts bekannt. Ihre Spur verliert sich auf dem Pariser Flughafen.

Die Behörden ermitteln weiterhin.

HAARE

Die DNA eines Menschen lässt sich nicht nur in Sekreten finden, sondern beispielsweise auch in den Haaren. Allerdings kann sich die DNA-Analyse von Haaren als ziemlich schwierig erweisen.

Jeder Mensch verliert jeden Tag Haare aus ganz natürlichen Gründen. Die Haarwurzel bildet sich im Allgemeinen zurück und das Haar fällt irgendwann aus. In diesem Fall gibt es, genau wie bei abgeschnittenen Haaren, keine intakte Wurzel. Man muss auf eine Art der DNA-Analyse, die Untersuchung der mitochondrialen DNA, zurückgreifen, die jedoch äußerst kompliziert ist und deren Erklärung hier zu weit führen würde.

In der Regel lässt sich also nur ein Haar zuordnen, das noch eine Wurzel hat, das also zum Beispiel ausgerissen wurde. Das kann bei einem Kampf geschehen sein, aber auch beim Kämmen.

Dabei ist es vollkommen gleich, um welche Art von Haar es sich handelt. Wir unterscheiden zwischen Kopfhaar, Achsel- und Schamhaar, Barthaar, Körperhaar sowie Wimpern und Augenbrauen.

Viel diskutiert wird über den so genannten genetischen Fingerabdruck.

Die DNA, die menschliche Erbinformation, besteht aus einem kodierten und einem nicht kodierten Teil. Die kodierte DNA enthält sozusagen den Bauplan der betreffenden Person, der nicht kodierte Anteil, der rund 95 Prozent der gesamten DNA ausmacht, scheint nach den neusten Erkenntnissen keine wirklichen Informationen zu enthalten.
Die DNA wird als Zahlenreihe dargestellt. Die nicht kodierte DNA besteht aus vielen Aneinanderreihungen der immer gleichen Zahlenfolge. Aus dieser Folge werden für den genetischen Fingerabdruck 16 Stellen isoliert, die erfasst und in eine Art Strichcode umgewandelt werden. Da diese Zahlenfolgen zufällig sind, sind sie ebenso wie die kodierte DNA für eine jede Person typisch – man geht davon aus, dass jeweils nur zwei von 500 Millionen Menschen identische »Abfall-DNA« aufweisen.
Zur Feststellung des genetischen Fingerabdrucks verwenden die Experten winzige Partikel der zu identifizierenden Person – zum Beispiel den Speichel, die Haare oder Hautteile.
Beim Bundeskriminalamt (BKA) werden zur Zeit – der Gesetzgeber bemüht sich um eine Änderung – genetische Fingerabdrücke nur bei schweren Straftaten wie Mord registriert. Die DNA-Datenbank des BKA wird seit 1998 gepflegt, etwa 400 000 Daten sind archiviert. Zum Vergleich: In der Fingerabdruck-Datenbank des BKA befinden sich über 3 Millionen Einträge.

Diese Haararten sind bereits mit bloßem Augen zu unterscheiden. Das Scham- und das Körperhaar, zum Beispiel die Brustbehaarung beim Mann, ist kraus, das Barthaar eher kräftig. Wenn man sich einmal die Wimpern betrachtet, stellt man fest, dass dieses Haar glatt ist. Im Vergleich dazu ist Achselhaar eher wellig. Allerdings kann man den einzelnen Haartyp erst unter dem Mikroskop präzise erkennen, denn die innere Struktur der Haare unterscheidet sich.

In Fällen von vermissten Personen werden aus den Wohnungen der Verschwundenen Gegenstände mitgenommen, an denen DNA-Material haftet. So werden etwa die Haarbürsten mitgenommen, um im Ernstfall Vergleichsmaterial zu haben.

Tödlicher Disco-Besuch

Aber lassen Sie uns einmal betrachten, wie das in der Realität vor sich geht.

Katharina Kemper ist den Weg zwischen den beiden Dörfern schon unzählige Male gegangen. Hier, zwischen dem kleinen Wald und den weiten Feldern, die ihren Wohnort vom Nachbardorf trennen, hatte sie schon als Kind gespielt.

Es war eine warme Sommernacht. Obwohl die Nachtluft die Hitze des Tages gehalten hatte, fröstelte sie unter ihrem dünnen Kleid.

Sie hatte die Diskothek nach einem Streit mit ihrem Freund früher als beabsichtigt verlassen und nun keine Lust, eine Stunde auf den nächsten Nachtbus zu warten. Also machte sie sich nachts um 2.30 Uhr auf den Weg in das 5 Kilometer entfernte Heimatdorf.

Da sie mit den Pumps nicht sehr gut auf dem unebenen Weg, der tagsüber nur von den ansässigen Bauern genutzt wurde, gehen konnte, hatte sie sie ausgezogen.

Mittlerweile von dem Fußmarsch ernüchtert, bereute sie es, allein losgezogen zu sein. Als sie Motorengeräusche hinter sich hörte, drehte sie sich um.

Das Fahrzeug hielt neben ihr, und sie stieg dankbar lächelnd ein.

Sie konnte nicht wissen, dass sie das Auto nicht mehr lebend verlassen sollte.

Angela Kemper hatte sich mittlerweile daran gewöhnt, dass ihre 17-jährige Tochter an einem Samstagmorgen lange schlief. Sie hatte sie nicht nach Hause kommen hören und ging daher davon aus, dass es sehr spät geworden war. Als sie im Laufe des Vormittags dann doch in ihrem Zimmer nach ihr sah und feststellte, dass das Bett ihrer Tochter unberührt war, machte sie sich trotz allem keine großen Sorgen. Sie ging davon aus, dass das Mädchen bei ihrem Freund übernachtete.

Als sie bis zum Mittag nichts von Katharina gehört hatte, rief sie bei deren Freund an.

Matthias berichtete, dass Katharina die Diskothek vergleichsweise früh nach einem Streit verlassen und er von ihr noch nichts gehört hatte.

Nun ein wenig beunruhigt, telefonierte Angela Kemper mit verschiedenen Freundinnen, die alle die Geschichte von Matthias bestätigten. Daraufhin benachrichtigte sie die Polizei.

Sie erzählte dem zuständigen Polizeibeamten des nächst größeren Ort, dass ihre Tochter zuverlässig sei und sich bisher immer gemeldet habe, wenn sie woanders übernachtete. Da Katharina dies bisher nicht getan habe, befürchtete die Mutter, dass ihr etwas zugestoßen sei.

Der Polizeibeamte Jochen Wendel, dem die Familie Kemper bekannt war, wusste um die Zuverlässigkeit des Mädchens und nahm daher die Meldung der Mutter sehr ernst.

Aus Erfahrung wusste er, dass es öfters vorkam, dass junge Mädchen nach einem Streit verschwinden. Aber zu dieser Sorte Ausreißer gehörte Katharina nicht.

Ermittlungen in den umliegenden Krankenhäusern und bei den Polizeidienststellen in den Nachbarorten erbrachten nichts.

Das Mädchen blieb verschwunden.

Am 26. August, also 2 Tage nach dem Verschwinden von Katharina, ging Wilhelm Zantop mit seinem Schäferhundmischling in einem Wald etwa 20 Kilometer von Katharinas Heimatort entfernt spazieren. Als sein Hund plötzlich anschlug, dachte Zantop zunächst an ein Kaninchen. Er versuchte seinen Hund zu beruhigen. Dieser begann jedoch auf der Erde zu schnüffeln und mit den Vorderläufen im Unterholz zu graben. Als Zantop näher kam, bemerkte er einen eigentümlichen Geruch. Er kniete neben seinem noch immer scharrenden Hund, um nachzusehen, was der gefunden hatte. Der Hund stand plötzlich still, sein Fell sträubte sich. Ein tiefes Knurren kam aus seiner Kehle.

Jetzt sah auch Zantop, was seinen Hund so aufgeregt hatte: Es war ein nackter Fuß.

Kommissar Penske von der Mordkommission hatte schon einiges gesehen, aber dieses Mal war er tief erschüttert. Nicht zuletzt deswegen, weil das Mädchen, das dort, eingewickelt in eine Plastikfolie, tot vor ihm lag, kaum älter war als seine eigene Tochter.

Nachdem er von dem grausigen Fund erfahren hatte, dachte er sofort an die vermisste Katharina Kemper.

Eine Identifizierung war zunächst allerdings nur oberflächlich möglich, da das Gesicht der Toten kaum noch zu erkennen war. Das Mädchen trug aber noch die Kleider, die in der Vermisstenmeldung genannt waren, von den Schuhen jedoch fehlte jede Spur. Ihr Gesicht war blutverschmiert. Ihr Mörder hatte ihr brutal das Gesicht eingeschlagen.

Nachdem er sich die Tote genauer angesehen hatte, stellte Penske fest, dass auch der rechte Ohrring fehlte. Wahrscheinlich war es, passend zu dem Gegenstück am linken Ohr, eine goldene Creole.

Penske kam zu dem Schluss, dass die Mädchenleiche lediglich in dem Waldstück abgelegt worden war. Es fanden sich auf dem Waldboden keine Blutspuren; die Tatwaffe, mit der das Gesicht so brutal zugerichtet wurde, war nirgends zu finden, und auch der fehlende Ohrring, der wahrscheinlich bei einem Kampf aus dem Ohr herausgerissen wurde, konnte nicht gefunden werden.

Es gab keinen Zweifel: Der Fundort der Leiche konnte nicht der Tatort sein.

Penske sprach zunächst mit der völlig verzweifelten Mutter, die ihm das erzählte, was er bereits aus der Vermisstenmeldung kannte.

Er ließ sich die Namen der Personen geben, die mit Katharina den Abend in der Diskothek verbracht hatten. Auch bei der Befragung dieser Zeugen ergaben sich keine neuen Erkenntnisse. Er erfuhr von dem Streit, den Katharina mit ihrem Freund Matthias gehabt hatte, und befragte ihn eingehend. Matthias hatte zwar nach dem Streit ebenfalls die Diskothek verlassen, konnte jedoch ein Alibi vorweisen. Er war mit einem Freund zusammen durch die Kneipen gezogen und wurde von Gaststätte zu Gaststätte betrunkener. Einer der Wirte erinnerte sich noch gut an den jungen Mann, der kaum noch auf seinen Beinen stehen konnte und von seinem Freund halb getragen wurde. Er habe an die jungen Männer keinen Alkohol mehr ausgeschenkt und sie beide auf die Straße gesetzt.

Penske erkundigte sich sowohl bei der Taxizentrale als auch bei den in jener Nacht diensthabenden Busfahrern. Keiner konnte sich an Katharina Kemper erinnern, allerdings meldete sich nach einem öffentlichen Zeugenaufruf ein Autofahrer, der ein Mädchen, auf das Katharinas Beschreibung passte, an der Bundesstraße gesehen hatte. Er habe angehalten, da er eine Panne hatte und mit dem Pannendienst telefonieren wollte.

Das Mädchen sei in einen kleinen Feldweg eingebogen. Dieser Feldweg sei in der Umgebung als *Säufermeile* bekannt. Die *Säufermeile* ist die kürzeste Verbindung zwischen dem Ort, der direkt an der Bundesstraße liegt, und einem kleinen Dorf mit noch nicht einmal hundert Einwohnern, in dem auch das Elternhaus von Katharina Kemper liegt. Dieser Feldweg ist Einheimischen gut bekannt, da er nachts oft von betrunkenen Einwohnern genutzt wird, die nicht Gefahr laufen wollen, von einer Polizeistreife angehalten zu werden. Daher der Name.

Der Zeuge glaubte sich auch zu erinnern, dass bald darauf ein dunkler Wagen, vermutlich schwarz oder dunkelblau, in den Feldweg eingebogen sei. Er konnte mit Bestimmtheit sagen, dass es sich bei dem Wagen um einen VW-Golf älteren Baujahrs gehandelt hatte.

Da er sich nicht mehr an die Zeit erinnern konnte, wurde sein Handy überprüft. Er hatte um 2.32 Uhr mit dem Pannendienst telefoniert.

Penske war sich nun sicher, dass der Tatort irgendwo an diesem Feldweg liegen musste. Er ließ das Gelände weiträumig absperren, um es genauer zu überprüfen.

Nach kurzer Zeit wurden die Fahnder fündig. Sie entdeckten ein Paar Pumps, die von Angela Kemper als die ihrer Tochter identifiziert wurden. In der unmittelbaren Umgebung der Pumps fanden sie auch einen blutverschmierten Stein, der nach Auskunft der Rechtsmedizin die

Waffe gewesen war, mit der Katharina Kemper der Schädel eingeschlagen wurde.

Penske musste noch einmal mit der Mutter sprechen. Sie erzählte ihm, dass ihre Tochter immer sehr zuverlässig gewesen sei. Auch wäre sie nie zu einem Fremden ins Auto gestiegen.

Nun gab es für Penske nur noch zwei Möglichkeiten: Entweder war Katharina mit Gewalt in ein Auto gezerrt worden, oder sie war zu jemandem ins Auto gestiegen, den sie kannte. Da er aus Erfahrung wusste, dass die meisten Tötungsdelikte eher Beziehungstaten sind, konzentrierte er sich auf die zweite Möglichkeit. Er ließ also über die Zulassungsstelle alle Fahrzeuge heraussuchen, auf die die Beschreibung des Zeugen passte und die auf Anwohner des betreffenden Gebietes zugelassen waren.

Da es sich bei dem von dem Zeugen genannten Fahrzeug um ein gängiges Modell handelte, erhielten die Ermittler eine Flut von Namen von Fahrzeughaltern, die in Betracht kamen und die überprüft werden mussten.

Nach einigen Wochen, in denen die betreffenden Fahrzeughalter vernommen und ihre Fahrzeuge überprüft worden waren, wollte Penske bereits aufgeben. Dann jedoch stießen sie auf das Auto des 18-jährigen Andreas Winter.

Die Mutter von Katharina Kemper wurde befragt. Sie glaubte sich zu erinnern, dass Andreas ein ehemaliger Klassenkamerad ihrer Tochter sei.

Andreas Winter wurde vorgeladen. Er war ein höflicher, gut aussehender junger Mann, der eigenen Angaben zufolge in der 100 Kilometer entfernten Großstadt Hamburg eine Lehrstelle als Kfz-Mechaniker hatte, dort in einem Lehrlingswohnheim wohnte und nur am Wochenende zu Hause war.

An dem betreffenden Tag sei er jedoch nicht in seinem Heimatdorf gewesen, weil er für eine Abschlussprüfung lernen musste und somit keine Zeit gehabt hatte. Er nannte auch den Namen eines Kollegen, mit dem er zusammen gewesen sein wollte. Als Penske dies von seinen Kollegen überprüfen ließ, stellte sich heraus, dass Winter zwar tatsächlich mit einem Kollegen gelernt hatte, er selbst allerdings an dem Abend verabredet gewesen sei und somit nicht wusste, wo Andreas Winter sich aufgehalten hatte. Auch die Eltern von Andreas Winter hatten ihren Sohn nicht gesehen. Ihren Angaben zufolge kam er, wenn er sie besuchte, immer erst am Samstag.

Winter hatte also kein Alibi.

Er wurde erneut vorgeladen und befragt. Andreas Winter wurde trotzig. Er gab an, wahrscheinlich unterwegs gewesen zu sein, aber nicht mehr genau zu wissen, wo er sich aufgehalten habe.

Penske ließ daraufhin den Wagen des jungen Mannes überprüfen. Wie vom Zeugen gesagt, handelte es sich um ein älteres Baujahr, das Fahrzeug war jedoch außerordentlich gut gepflegt und anscheinend erst vor kurzem gründlich gesäubert worden. Penskes Hoffnung, den vielleicht noch fehlenden Ohrring zu finden, erfüllte sich nicht.

Die Polster waren sauber, an den Kopfstützen des Beifahrersitzes waren keine Haare zu finden. Ganz im Gegensatz zu der Kopfstütze des Fahrersitzes, an denen sich Winters Haare fanden. Diese Tatsache machte Penske stutzig. Es schien fast so, als habe Winter noch nie einen Beifahrer mitgenommen. Der Kriminalbeamte stellte ferner fest, dass sämtliche Fußmatten im Fahrzeug neu waren.

Die Spurensicherung machte dann eine erstaunliche Entdeckung. Der Kofferraum war mit einem Teppich ausgelegt, der ebenfalls sauber war. Sie hoben den Teppich an und entdeckten an der Unterseite ein einzelnes langes blondes Haar – blutverschmiert. Katharina Kemper hatte lange blonde Haare.

Winter wurde mit dem Fund konfrontiert, äußerte sich jedoch nicht. Eine DNA-Analyse ergab schließlich, dass es sich um ein Haar der Toten handelte.

Winter wurde klar, dass er verloren hatte. Er legte ein Geständnis ab. Er hatte am Freitagnachmittag tatsächlich mit einem Freund gelernt und war dann in seine Heimatstadt gefahren, um sich mit Freunden zu treffen.

Aber auch hier langweilte er sich schnell und beschloss, allerdings schon leicht angeheitert, gegen 2.15 Uhr nachts nach Hamburg zurückzufahren. Er befand sich gerade auf der Bundesstraße, um zur Autobahn zu gelangen, als ihm Katharina entgegenkam. Sie war anscheinend auf dem Heimweg. Er wollte sie lediglich fragen, ob er sie nach Hause bringen könne. Er wendete bei der nächsten Gelegenheit und fuhr hinter ihr her, mittlerweile war sie in der *Säufermeile* verschwunden.

Er hielt neben ihr. Als sie ihn erkannte, stieg sie ein. Sie war aufgeregt und erzählte ihm von dem Streit mit ihrem Freund. Als sie anfing zu weinen, nahm er sie in die Arme, um sie zu trösten. Auf einmal habe sie aussteigen wollen, warum, das sagte Winter nicht. Das Gericht vermutete später, dass er zudringlich geworden sei, und sie sich gewehrt habe. Jedenfalls ist es im Auto zu einem Handgemenge gekommen. Katharina hatte es geschafft, das Auto zu verlassen. Andreas Winter, der nun Angst hatte, zu weit gegangen zu sein, stieg ebenfalls aus und lief hinter ihr her. Als er sie einholte, fing sie an zu schreien. Er verlor die Nerven, riss sie zu Boden und hielt ihr den Mund zu. Da sie aber, wie er sagte, nicht aufhörte zu zappeln, ohrfeigte er Katharina. Sie schlug nun um sich. Was dann passierte, wusste er angeblich nicht mehr. Als er jedoch wieder klar denken konnte, lag das Mädchen tot vor ihm, er hatte einen blutverschmierten Stein in der Hand.

Das wertete das Gericht später als Schutzbehauptung, insbesondere vor dem Hintergrund seiner weiteren Vor-

Oft – wenn etwa kein vollständiger Zellkern vorhanden ist – sind die Wissenschaftler bei der DNA-Analyse auf die so genannten *Mitochondrien* angewiesen. Das kommt beispielsweise dann vor, wenn bei einem am Tatort aufgefundenen Haar keine Wurzel mehr vorhanden ist.
Mitochondrien sind Zellorganellen, die durch eine Membran von der eigentlichen Zelle getrennt sind. Sie sind wichtig für den Stoffwechsel und werden auch gern als *Kraftwerke der Zelle* bezeichnet. Und: Diese Kraftwerke haben eine eigene DNA.
Verglichen mit der DNA aus dem Zellkern ist die mitochondriale DNA, kurz mtDNA, winzig klein. Mitochondrien finden sich in der weiblichen Eizelle, jedoch nicht in den Spermien. Das bedeutet, dass die Mitochondrien ausschließlich von den Müttern an die Kinder weitergegeben werden.
Zwar weisen die Jungen, genau wie die Mädchen, die mtDNA der Mutter auf, geben sie jedoch nicht weiter. Die mtDNA kann also nur mütterlicherseits weit zurückverfolgt werden und eignet sich daher als Vergleichsprobe bei Familienangehörigen.

gehensweise. Er holte eine Plastikplane aus dem Wagen und wickelte das Mädchen darin ein. So verschnürt, legte er die Leiche in den Kofferraum und fuhr Richtung Hamburg. Ein paar Kilometer weiter entledigte er sich der Leiche und fuhr in sein Wohnheim. Am nächsten Tag säuberte er das Fahrzeug in seiner Lehrwerkstatt. Dort entsorgte er auch die alten Fußmatten aus seinem Wagen und ersetzte sie durch neue. Überzeugt davon, im Kofferraum keine Spuren hinterlassen zu haben, reinigte er diesen nur oberflächlich und legte einen Teppich hinein.

Dass er das Mädchen nicht am Tatort liegen gelassen hatte, begründete er damit, dass er in Panik geraten sei. Seine besonnene Vorgehensweise nach der Tat sprach, nach Auffassung des Gerichtes, jedoch gegen diese Begründung. Es ging vielmehr davon aus, dass Winter seine Spuren verwischen wollte, für den Fall, dass ihn jemand mit der Tat in Verbindung bringen konnte. Andreas Winter wurde nach Jugendstrafrecht wegen Mordes zu einer Höchststrafe von 10 Jahren Gefängnis verurteilt.

Der fehlende Ohrring wurde später in seinem Zimmer im Lehrlingswohnheim gefunden.

4. Kapitel

Spuren im Sand
Schuhabdrücke und Schuhspuren

Im Allgemeinen wird in Filmen und auch in Büchern von »Fußabdrücken« gesprochen. Gemeint sind jedoch die Abdrücke oder Spuren, die Schuhe hinterlassen. Es kommt nämlich höchst selten vor, dass ein Täter barfuß agiert und damit seine Fußabdrücke hinterlässt.

Am einfachsten ist es natürlich, wenn ein Täter zuvorkommend genug ist, Abdrücke im weichen Erdreich zu hinterlassen. Man erkennt das Profil und kann im Groben erkennen, ob es sich etwa um einen Turnschuh handelt oder um ein Paar Stiefel.

Aus der Größe des Abdrucks kann man auf die Körpergröße des Verursachers schließen. Man erkennt ebenfalls, ob der Träger des Schuhs etwas Schweres getragen hat oder ob er hinkt.

Aber es gibt noch weitere Hinweise, die entscheidend sein können. Wenn Sie sich einmal ein Paar Ihrer Schuhe betrachten, werden Sie feststellen, dass die Sohlen ganz individuelle Merkmale aufweisen: Sie haben sich vielleicht einen Stein eingetreten, der im Profil festklemmt, oder Sie haben einen Absatz verloren und es nicht bemerkt. Die

Schuhe sind unterschiedlich stark abgelaufen, die Sohle weist einen Riss auf. Das alles ist in einem Abdruck erkennbar.

Die Sicherung eines solchen Abdruckes ist denkbar einfach: Man vermischt Gips mit Wasser und gießt den Abdruck mit der Masse aus. Gips dehnt sich beim Erhärten aus und verteilt sich daher bis in die kleinsten Ritzen. Außerdem wird Gips schnell hart. So erhält der Ermittler eine perfekte Kopie des Abdruckes, auf der nahezu alle Unebenheiten zu erkennen sind.

Was aber kann die Polizei tun, wenn der Täter beispielsweise einen Abdruck auf einem Teppich hinterlässt? Hier kommen wir mit Gips kaum weiter.

Es gibt zwei gängige Möglichkeiten, die hier weiterhelfen. Die erste nutzt das Prinzip der elektrostatischen Aufladung. Gerade die Frauen unter uns kennen das. Mitunter sind die Haare nach dem Kämmen derart »elektrisch geladen«, dass an eine Frisur nicht zu denken ist. Die Spurensicherung nutzt dieses Phänomen. Oftmals sind in die Teppichfasern feine Metallfäden eingewoben, die bewirken, dass wir uns elektrisch aufladen, wenn wir über den Teppich laufen. Die Möglichkeit, die in dieser Tatsache steckt, wurde von Dr. Kurt Greenwood, einem leitenden Mitarbeiter eines Forschungsinstituts in England, erkannt. Er ging davon aus, dass Styroporperlen von dieser elektrostatischen Aufladung angezogen werden und entwickelte diese Perlen weiter. Er veränderte ihre Größe und Struktur und war dann in der Lage, Schuhabdrücke sichtbar zu machen. Auch hier sind das Profil sowie die Abnutzung des jeweiligen Schuhs erkennbar.

Die zweite Möglichkeit ist fast allen, zumindest vom Namen her, ein Begriff: das Erstellen von Hologrammen. Ich weiß, was Sie jetzt sagen wollen, aber vergessen Sie alles, was Sie jemals über Fernseh-Raumschiffe gehört haben. Das Hologramm in der Kriminalistik funktioniert ganz anders. Sie kennen das mit Sicherheit: Wenn ein Möbelstück längere Zeit auf einem Platz gestanden hat, und Sie es dann entfernen, bleiben hässliche Abdrücke zurück, die lange nicht verschwinden. Das Gleiche geschieht, zumindest im Kleinen, wenn man über einen Teppich *geht*. Die Faser des Teppichs richtet sich zwar recht schnell wieder auf, aber nicht schnell genug. Weil man das mit dem bloßen Augen nicht erkennen kann, kommt in diesen Fällen die so genannte Interferenzholografie zum Einsatz. Durch Abtasten der Teppichoberfläche werden feinste Abnutzungserscheinungen erkannt.

Das Verfahren selbst ist höchst komplex – aber es soll hier erwähnt sein, um Ihnen einen Einblick in das zu gewähren, was technisch bereits möglich ist.

Kurz eingehen möchte ich noch auf Schuhspuren. Wenn

Beim Wiesbadener Bundeskriminalamt (BKA) sind zur Zeit etwa 300 Kriminaltechniker beschäftigt – darunter Biologen, Chemiker, Pharmakologen, Ingenieure, IT-Spezialisten und Techniker. Etwa 10 000 Untersuchungsaufträge werden jedes Jahr von den Experten bearbeitet. Neben einem Archiv von Fingerabdrücken, einer Lacksammlung und Daten zum genetischen Fingerabdruck gibt es bei der Behörde auch eine große Schuhsammlung, mit deren Hilfe am Tatort gesicherte Schuhabdrücke genau einer bestimmten Schuhmarke zugeordnet werden können.

Ihre Mutter Ähnlichkeit mit meiner Mutter hat, dann kennen Sie die Qual, im Winter bei –10 °C die Schuhe vor der Haustür ausziehen zu müssen. Denn schließlich könnte man ja Schmutzspuren auf dem gerade gereinigten Teppich hinterlassen, und das würde im Zweifelsfall eine Nervenkrise auslösen.

Der Schmutz, der sich im Profil eines Schuhs festsetzt, löst sich und überträgt sich auf einen Fußbodenbelag – man hinterlässt eine Spur.

Diese Art der Spur kann selbstverständlich nicht mit Gips oder dergleichen gesichert werden, aber man kann sie fotografieren. Auch hier ist das Profil sehr oft gut zu erkennen, und lässt Rückschlüsse auf den getragenen Schuh zu.

Einbruch mit Ungereimtheiten

Wie kann die Analyse von Schuhabdrücken zur Auflösung eines Falls beitragen?

Im Sommer und Herbst 2003 trieb eine, wie sich später herausstellte, rumänische Diebesbande in mehreren Münchener Villenvororten ihr Unwesen.

Die Mitglieder dieser Bande spionierten die Bewohner sorgfältig aus, und so konnte es vorkommen, dass eine Hausfrau vom Einkaufen zurückkam und ihr Haus leer vorfand.

Die Einbrecher arbeiteten schnell und effizient. Es fehlten Schmuck, Bargeld, Fernseher und hochwertige Stereogeräte. Zeugen gab es so gut wie nie und selbst wenn, so konnten keine dienlichen Hinweise gegeben werden. In einigen Fällen sprachen Nachbarn von einem Lieferwagen, der in der Umgebung geparkt stand.

Die Polizei schien machtlos.

An einem Abend im Frühherbst meldete Familie Kaiser nachts um 1.00 Uhr einen Einbruch. Wie der Hausherr

Manfred Kaiser mitteilte, war er nach einer Feier kurz vor 1.00 Uhr nachts nach Hause gekommen und hatte festgestellt, dass eingebrochen worden war.

Er meldete den Verlust mehrerer Videorecorder und Fernseher, einer hochwertigen Stereoanlage, von zwei Laptops sowie von Schmuck, Bargeld und einigen zeitgenössischen Gemälden. Der Gesamtwert der Beute belief sich auf ca. 160 000 Euro.

Die Täter waren ins Haus gekommen, indem sie die rückwärtige Terrassentür im Erdgeschoss mit einem Schraubendreher aufgehebelt hatten. Da es bereits den ganzen Nachmittag und Abend geregnet hatte, waren auf dem hellen Teppich im Wohnzimmer unterschiedliche Schuhspuren zu erkennen, die von den aufnehmenden Beamten sorgfältig fotografiert wurden. Diese Schuhspuren fanden sich auch auf und vor der Terrasse. Die Suche nach und Vernehmung von möglichen Zeugen wurde von den Polizisten aufgrund der nachtschlafenden Zeit auf den nächsten Tag verschoben.

Den Bericht über den nächtlichen Einsatz bekam Hauptkommissar Weiland, seines Zeichens Leiter der Ermittlungsgruppe »Rumänien«, am nächsten Tag auf den Tisch. Auch wenn es sinnlos schien, so hatte er dennoch vor, Nachbarn der Familie zu ihren möglichen Beobachtungen zu befragen. Er machte sich noch mit der Akte vertraut, als das Telefon klingelte.

Sein Gesprächspartner stellte sich als Mitarbeiter einer großen Versicherung vor. Sein Name war Strübel. Er teilte mit, dass er schon an diesem Morgen ein Fax der Familie Kaiser mit einer detaillierte Liste aller gestohlenen Gegenstände erhalten habe. Dies verwundere ihn, da die Geschädigten aufgrund des Schocks für solche praktischen Dinge oft mehrere Tage brauchen. In diesem Falle seien sogar Fotografien der abhanden gekommenen Schmuckstücke übersandt worden. Aber dies sei nur eine Nebensächlichkeit.

Er berichtete Kommissar Weiland von einem weiteren Schadensfall, den ihm Manfred Kaiser vor sechs Wochen gemeldet hatte. In dem damaligen Fall gab Herr Kaiser seine Jacht als gestohlen an. Diese Jacht habe in Italien gelegen und sei in einer Nacht-und-Nebel-Aktion verschwunden und trotz Nachforschungen bis heute nicht wieder aufgetaucht. Der Schaden belief sich auf rund 500 000 Euro.

Strübel erschien es merkwürdig, dass Familie Kaiser innerhalb kürzester Zeit zwei Straftaten zum Opfer gefallen sein sollte. Er bat die Polizei um erhöhte Aufmerksamkeit.

Weiland beschloss nach diesem Telefonat, die bisher bekannten Fälle mit dem neuesten Einbruch zu vergleichen. Er fand einige, wenn auch zunächst unwichtig erscheinende, Unterschiede. Zum einen waren aus dem Hause Kaiser diverse Gemälde und kleinere Kunstgegenstände verschwunden. Das war das erste Mal, dass die Diebe so etwas hatten mitgehen lassen. Weiland wusste, dass sich solche Dinge nicht gut verkaufen ließen. Für Schmuck und Stereogeräte, für Laptops und Fernseher fanden sich immer Abnehmer. Diese Geräte konnten, wenn man die Gerätenummer verfälschte, nicht mehr zugeordnet werden. Hochwertiger Schmuck ließ sich eventuell in seinem ursprünglichen Zustand verkaufen, ansonsten konnte man die Edelsteine weiter verwerten.

Mit Gemälden und Kunstgegenständen aber sah das ganz anders aus. Diese lassen sich nicht so ohne weiteres an einen Hehler verkaufen. Und selbst wenn sich ein Hehler fände, wäre es äußerst schwierig, einen geeigneten Abnehmer zu finden, da sich kein Kunstliebhaber aus Angst vor Entdeckung gestohlene Gegenstände ins Haus hängen oder stellen würde.

Weiland drängte sich nun ein Verdacht auf, der auch dem Versicherungsagenten gekommen war: Er vermutete einen Versicherungsbetrug.

Er besah sich noch einmal die Fotografien, die vom Tatort gemacht wurden. Jetzt fiel ihm etwas auf, was er vorher übersehen hatte.

Die Schuhspuren der Einbrecher konzentrierten sich auf einen kleinen Bereich im Wohnzimmer – und es schien sich immer um dasselbe Paar Schuhe zu handeln, so als sei es nur ein Einbrecher gewesen. Aus den bisherigen Fällen war Weiland aber bekannt, dass es immer mindestens drei verschiedene Schuhspuren innerhalb des Hauses und eine weitere Schuhspur, die sich von den anderen unterschied, außerhalb des Hauses gab. Es waren also stets mindestens vier Einbrecher am Werk gewesen: drei innerhalb des Hauses, die die Gegenstände zusammentrugen, und mindestens einer, der diese Gegenstände vom Haus zu einem wartenden Fahrzeug schaffte.

Dann fiel Weiland auf, dass, obwohl aus allen Zimmern im Hause Kaiser etwas gestohlen worden war, nirgends sonst im Haus Schuhspuren gefunden wurden. Auch hatten in diesem Fall die Einbrecher eine Terrassentür aufgehebelt. In den bisherigen Fällen hatten sie aus Zeitersparnis Scheiben eingeschlagen.

Weilands Verdacht konkretisierte sich. Er fuhr zu dem Villenvorort, in dem die Kaisers wohnten, und unterhielt sich mit den Nachbarn.

Wie in vielen Fällen hatten die Nachbarn weder etwas gehört noch gesehen. Auch seien ihnen keine Fremden aufgefallen und auch einen Lieferwagen in Tatortnähe hatte niemand beobachtet. Aber etwas anders wussten die Nachbarn zu berichten: Familie Kaiser wohnte erst seit wenigen Jahren in dem Viertel. Selbst für hiesige Verhältnisse schienen die Kaisers über eine unerschöpfliche Geldquelle zu verfügen. Die beiden Kinder gingen auf eine teure Privatschule, Frau Kaiser war Hausfrau. Das Poolhaus in dem weitläufigen Garten war erst im Jahr zuvor gebaut worden, in der Garage standen drei hochwertige Fahrzeuge.

In der letzten Zeit verdichteten sich jedoch die Gerüchte, dass es um die Geschäfte des Hausherrn, er betrieb eine Softwarefirma, eher schlecht bestellt sei.

Auf die absichtlich vage Frage Weilands, ob die Nachbarn jüngst etwas Merkwürdiges beobachtet hätten, bekam er von den direkten Nachbarn die Auskunft, dass in den vergangenen Tagen mehrere Kartons und kleinere Koffer von den Kaisers weggebracht worden seien. Was sich darin befunden habe, könne man jedoch nicht sagen.

Für Weiland stand nun fest, dass bei Familie Kaiser kein Einbruch stattgefunden hatte.

Wieder in seiner Dienststelle, begab er sich zu den Kollegen der Spurensicherung und legte einem der Mitarbeiter, der mit diesen Einbruchsfällen vertraut war, verschiedene Fotos vor. Der Mitarbeiter verglich die Aufnahmen der Schuhprofile vorheriger Tatorte mit denen, die im und am Hause Kaiser gefunden worden waren. Er zeigte auf, dass die Täter in den bisherigen Fällen zum Teil hochwertige Sportschuhe mit einem sehr auffälligen Profil getragen hatten, wahrscheinlich, um im Falle einer Entdeckung besser vom Tatort fliehen zu können. In dem vorliegenden Fall jedoch handelte es sich um ein vollkommen anderes Profilmuster. Die Abdrücke stammten eher von einem Herrenwanderstiefel mit zwar auffälligem, aber anders angeordnetem Muster. Auch unterschieden sich die Schuhgrößen. Im Fall Kaiser handelte es sich um Schuhgröße 47, in den vorherigen Fällen um die Größen 43 und 45.

Weiland entschloss sich, eine Durchsuchung des Hauses der Familie Kaiser durchzuführen. Gemeinsam mit mehreren Kollegen suchte er die vermeintlich Geschädigten auf und teilte ihnen seinen Verdacht mit. Zunächst noch empört, gaben sie den Versicherungsbetrug zu, als sie feststellten, dass Weiland entschlossen war, im Haus das Unterste zuoberst zu kehren. Manfred Kaiser gab an, in finanziellen und geschäftlichen Schwierigkeiten zu stecken.

Die Idee für diesen Betrug kam ihm, als er von den Einbrüchen in seinem Viertel hörte. Er hatte dann im Verlauf der vergangenen Wochen die Gegenstände, die er später als gestohlen meldete, in Koffern und Kartons verpackt aus dem Hause geschafft und in seiner Firma eingelagert, um sie später entweder zurückzuholen oder gar zu verkaufen.

Für die Tat suchte er sich einen Abend aus, an dem er mit seiner Frau außer Haus war. Damit die Kinder nichts mitbekamen, wurden sie über Nacht, mit der Begründung, dass das Paar keinen Babysitter gefunden habe, bei den Eltern von Frau Kaiser untergebracht.

Bevor sie abends das Haus verließen, hebelte Herr Kaiser dann mit einem Schraubendreher das Schloss der Terrassentür auf. Er wollte das Geld für einen Glaser sparen und verzichtete daher darauf, das Fenster einzuschlagen.

In seinen Wanderstiefeln ging er zunächst im Garten umher, dessen Erdboden vom Regen aufgeweicht war, und hinterließ dann die markanten Spuren auf dem Teppich im Wohnzimmer, um so den Eindruck eines Einbruches zu erwecken. Das wäre ihm auch fast gelungen, hätte sich nicht der Versicherungsagent mit der Polizei in Verbindung gesetzt.

Ironie des Schicksals: Die Jacht von Herr Kaiser wurde tatsächlich gestohlen – es stellte sich zweifelsfrei heraus, dass er mit dieser Straftat tatsächlich nichts zu tun hatte.

5. Kapitel

Zähneklappern

Wenn Knochen zu uns sprechen

Wir alle kennen das: Beim Buddeln in der Erde finden fast alle Kinder irgendwann einen Knochen. Zumeist sind es kleine Knöchelchen, die unschwer zeigen, dass hier ein Vogel sein Leben ausgehaucht hat. Oder nehmen wir einfach das Brathühnchen, das am Samstagmittag auf den Tisch kommt. Ein Hühnerbein haben wir alle schon einmal abgenagt – aber haben wir es uns auch genau angesehen? Sind wir in der Lage, einen Hühnerschenkel zu erkennen, wenn wir ihn in einem Erdloch und nicht auf einem Teller finden? Ich glaube kaum.

Tatsächlich kann nur ein Fachmann eine Identifizierung von Knochen vornehmen, und das auch nur unter einem Mikroskop.

Natürlich ist es recht einfach, wenn ein Ermittler zwischen einem Menschen- und einem Mäuseknochen unterscheiden soll. Ist ein Kochen aber in etwa so groß, dass er von einem Menschen stammen könnte, ist die Unterscheidung nicht ganz so schnell zu treffen.

Knochen haben eine Struktur, die man *Osteonen* nennt. Osteone sind kreisförmig Gebilde, die sich im Laufe des Le-

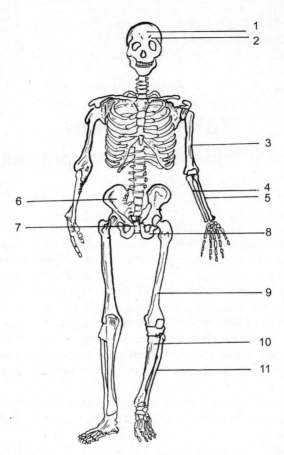

1. Stirnbein
2. Augenbrauenwulst
3. Oberarmknochen
4. Elle
5. Speiche
6. Darmbein
7. Schambein
8. Sitzbein
9. Oberschenkelknochen
10. Schienbein
11. Wadenbein

bens bilden. Ich vergleiche sie immer mit den Lebensringen eines Baumes. Diese *Osteonen* sind bei Mensch und Tier verschieden angeordnet, aber mit bloßem Auge nicht zu erkennen.

Wenn also in einem Fernsehkrimi der Ermittler mit gerunzelter Stirn einen Knochen vom Boden aufhebt und sagt: »Das ist eindeutig die Rippe eines schottischen Hochlandrindes«, dann halten sich forensische Anthropologen vor Lachen den Bauch.

Was können uns Knochen nun erzählen?

Zunächst gilt es, an dieser Stelle zwei Begriffe zu erklären, die im Zusammenhang mit Knochenanalysen immer wieder auftauchen: Das Wort *Anthropologie* kommt aus dem Griechischen und beschreibt die vergleichende Biologie des Menschen. Spätestens seit Kathy Reichs wissen wir, dass sich diese Art von Wissenschaftler mit Knochen befasst. So weit, so gut.

Allerdings taucht in jedem Krimi auch das Wort *Forensik* auf, und kaum jemand weiß, was genau sich dahinter verbirgt. Forensik leitet sich vom lateinischen *forum* – Marktplatz – ab. Im antiken Rom wurden Strafprozesse auf dem Marktplatz abgehalten. Aus diesem Grund werden alle wissenschaftlichen Methoden der Verbrechensaufklärung unter dem Oberbegriff »Forensik« zusammengefasst.

Was können nun Anthropologen aus einem Knochen herauslesen? Fast alles! Ein Skelett gibt uns Aufschluss über die Größe, das Alter, das Geschlecht und die Rasse eines Menschen.

Beginnen wir mit dem Schädel: Der Schädel an sich besteht aus sieben Einzelknochen. Diese Einzelknochen sind durch Schädelnähte miteinander verbunden.

Jeder Schädel verfügt über ein Stirnbein; zwei Scheitelbeine an der Ober- und Rückseite des Schädels; zwei

Schläfenbeine, rechts und links; ein Keilbein, das von der Schädelbasis zu den Seiten verläuft, sowie ein Hinterhauptsbein. Das ist genau der Knochen, der über dem ersten Wirbel liegt.

Bei der Geburt eines Menschen bestehen die Nähte, die diese Knochen miteinander verbinden, noch aus Knorpeln und haben eine Zickzackform. Erst mit der Zeit verknöchern sie und werden glatter. Die letzte Naht, und zwar die, die auf dem Schädel verläuft, beginnt sich zu verschließen, wenn wir ungefähr 30 Jahre alt sind. Schließlich wirkt der Schädel dann so glatt, dass die Nähte oftmals nicht mehr zu erkennen sind.

Der Schädel einer Frau ist eher klein, die Mundpartie schmal und das Kinn spitz. Charakteristisch für den Schädel einer Frau sind auch die glatte Stirnpartie sowie ein eher schwach ausgeprägter Augenbrauenwulst. Die Brauenwülste stellen den Übergang zwischen Stirn und Augenhöhle dar. Sie weisen bei einem weiblichen Skelett eine scharfe Kante auf.

Den Schädel eines Mannes kann man am Hinterhauptsbein erkennen. Dort haben nämlich männliche Skelette einen Knochenvorsprung, den die Skelette der Frauen nicht aufweisen.

Wandern wir ein Stück am Skelett hinab und betrachten wir das Becken: Bis zur Pubertät kann man drei getrennte Knochen am Hüftbein voneinander unterscheiden: das Darmbein als breitesten Teil, das Sitzbein und das Schambein, das vorn unter dem Nabel verläuft.

Während der Pubertät verändert sich das Bild ein wenig.

Bei Frauen wird das Becken naturgemäß breiter und das Schambein länger. Dabei wölbt es sich ein wenig nach vorn und stellt somit die vordere Begrenzung des Geburtskanals dar.

> Die Technik der Gesichtsrekonstruktion hat sich immer dann bewährt, wenn ein Schädel gefunden wird und die Polizeibeamten keinen Anhaltspunkt haben, um wen es sich dabei handeln könnte.
> Für die Methode der Gesichtsrekonstruktion ist die wahrscheinliche Gewebestärke des Gesichtes eine der Voraussetzungen. Die Gewebestärke wird auf Vermessungen begründet, die forensische Anthropologen durchgeführt haben.
> Bei der Gesichtsrekonstruktionen wird eine Vielzahl von Stiften, deren Länge der durchschnittlich angenommenen Gewebestärke entspricht, auf einem Kunststoffabdruck des Schädels befestigt. Der Raum zwischen den Stiften wird danach mit Ton aufgefüllt und so der Kopf mitsamt den Muskelsträngen modelliert.
> Die Form der Nase und der Ohren wie auch die Form und Farbe der Haare können allerdings nur angenommen werden, da man sie an einem Schädel nicht mehr erkennen kann.
> Trotz allem haben nachmodellierte Schädel eine verblüffende Ähnlichkeit mit dem ursprünglichen Aussehen der ehemals lebenden Person.

Bei den Männern ist das Becken schmaler, die Oberschenkelknochen scheinen gerade herunterzuhängen, während sie bei Frauen nach innen gewölbt sind.

Ein Merkmal zur Altersbestimmung bei Frauen ist die Schamfuge. Sie befindet sich in der Körpermitte und ist die Naht, an der das linke und das rechte Schambein zusammentreffen. Zwischen dem 15. und 20. Lebensjahr ist diese Fuge eher uneben. Bis zum 40. Lebensjahr wird sie zunehmend glatter, ab dem 40. Lebensjahr wird sie porös und hat Ähnlichkeit mit einem Schwamm.

Über Berechnungen der Körpergröße anhand von einzelnen Knochen ist sehr früh etwas in der Literatur zu finden. Leonardo da Vinci griff dabei auf die Berechnungen eines Architekten aus dem antiken Rom, Vitruvius, zurück. Seine Berechnungen wurden in den 50er Jahren des 20. Jahrhunderts von zwei amerikanischen Wissenschaftlerinnen überprüft und in noch heute gültige Formeln verpackt. Demzufolge lässt sich die Körpergröße aus allen langen Knochen, nämlich Oberarm, Elle, Speiche, Oberschenkel, Schien- und Wadenbein, errechnen.

Die verschwundene Ehefrau

Als die Ehefrau von Markus Eisemann, Eva, im Februar 1999 plötzlich verschwand, waren sich alle Bekannten des Paares einig, dass sie ihren Mann verlassen habe. Schließlich, so erzählten Freunde später der Polizei, sei die Ehe der beiden nicht sehr harmonisch gewesen. Eva und Markus, Anfang Dreißig, hätten nicht zueinander gepasst.

Er: ein Workaholic mit ständig wechselnden Geliebten; sie: eine gelangweilte Hausfrau, die das Geld mit beiden Händen zum Fenster hinauswarf.

Hatten die beiden am Anfang noch auf rosa Wolken geschwebt, so wurde das Verhältnis immer angespannter, bis sie sich letztendlich nur noch anschrieen und sich auch immer öfter, selbst vor anderen Leuten, hitzige Wortgefechte lieferten.

Es war jedoch Markus Eisemann, der seine Frau am Morgen des 5. Februar als vermisst meldete und der nun Kommissar Schilling gegenübersaß. Markus Eisemann schien wirklich in großer Sorge. Er wirkte übernächtigt, der Kriminalbeamte hatte Mühe, sachdienliche Hinweise von ihm zu erhalten.

Er habe am 3. Februar morgens das Haus verlassen und seine Frau seitdem nicht mehr gesehen, sagte der Ehemann. Zunächst habe er sich keine Gedanken gemacht, aber als Eva auch am späten Abend nicht zurückgekommen sei, habe er begonnen, Freunde und Bekannte anzurufen. Niemand hatte etwas von Eva gehört. Er rief sogar ihre Familie an, zu der er ein mehr als angespanntes Verhältnis habe.

Er wartete dann noch den 4. Februar ab, in der Hoffnung, etwas von seiner Frau zu hören, habe sich dann aber, verzweifelt wie er war, an die Polizei gewandt.

Jedes Jahr verschwinden Menschen spurlos. Oft tauchen sie nach einigen Tagen wieder auf, einige wenige fallen einem Verbrechen oder einem Unfall zum Opfer. Einzelne Personen wollen auch gar nicht gefunden werden.

Er fragte Markus Eisemann, ob es Probleme oder Streit gegeben habe. Eisemann gab zögernd zu, dass in der letzten Zeit nicht alles, wie er es ausdrückte, *rund gelaufen* sei.

Schilling sah sich in dem Haus der Eisemanns um. Eine luxuriöse Stadtvilla, der man ansah, dass die Bewohner vom Glück begünstigt waren. Das Haus befand sich in einer gehobenen Wohngegend, etwa 25 Kilometer von Frankfurt entfernt. Eine fast ländliche Gegend, die die nahe Großstadt kaum vermuten ließ.

Nach Angaben des Ehemannes fehlte nichts von Eva Eisemanns persönlichen Sachen. Ihr Koffer und ihre Kleider seien noch da, auch der Schmuck liege noch im Safe. Lediglich ihr Fahrzeug sei aus der Garage verschwunden. Es gab sonst keinen Hinweis darauf, dass Frau Eisemann ihren Ehemann verlassen hatte.

Der Ermittler Schilling ließ sich eine Liste aller Freunde geben und nahm auch Kontakt zu der Familie auf.

Alle gaben unabhängig voneinander an, dass es in der Ehe der Eisemanns seit einiger Zeit kriselte. Auch soll es in der letzten Zeit wiederholt zu körperlichen Auseinandersetzungen gekommen sein, in deren Verlauf Eva Eisemann öfter auf ihren Mann losgegangen sei.

Immer häufiger habe einer der beiden Ehepartner ein blaues Auge oder eine aufgeplatzte Lippe davongetragen. Während Markus Eisemann seine Verletzungen mit Ungeschicklichkeiten seinerseits erklärte, erzählte Eva jedem, dass sie von ihrem Mann geschlagen worden sei.

Um sich ein Bild davon zu machen, wann und in welchem Zustand Eva Eisemann das Haus verlassen hatte, befragte Schilling die Nachbarn. Nach deren Aussagen soll es am Morgen des 3. Februar 1999 zu einer lautstarken Auseinandersetzung gekommen sein. Eine Nachbarin, die sich gerade im Garten befand, will gehört haben, wie beide sich anschrien und dann klatschende Geräusche vernommen haben. Schließlich soll Markus Eisemann seiner Frau gedroht haben, sie eher umzubringen, als zuzulassen, dass sie ihn verlasse.

An den genauen Wortlaut konnte sich die Nachbarin nicht mehr erinnern, sie meinte aber, es dem Sinn nach so verstanden zu haben.

Frau Eisemann habe das Haus wenige Stunden nach ihrem Mann verlassen, das heißt, die Nachbarin konnte sich daran erinnern, dass Eva Eisemann mit ihrem eigenen Wagen davongefahren sei.

Schilling war mittlerweile davon überzeugt, dass Eva Eisemann aus der Hölle ihrer Ehe ausgebrochen war und ihren Mann verlassen hatte.

Er konfrontierte Eisemann mit den bisherigen Erkenntnissen. Eisemann gab nach langem Hin und Her schließlich zu, dass es am Morgen des 3. Februar zu einer Auseinandersetzung gekommen sei, seiner Frau habe er jedoch nicht gedroht. Dies stritt er vehement ab. Er beteuerte, seine Frau zu lieben. Daher habe er auch ihrem Vorschlag, die Hilfe eines Partnertherapeuten in Anspruch zu nehmen, zugestimmt.

Nach der Auseinandersetzung sei er in das gemeinsame Wochenendhaus gefahren, das in rund 200 Kilometern Entfernung liege.

Der Kriminalbeamte konnte sich zwar auf die Vorkommnisse keinen Reim machen, war aber überzeugt, dass die Ehefrau sich irgendwann in naher Zukunft melden würde.

Vier Tage später meldeten Wanderer der Polizei ein verdächtiges Fahrzeug. Es stehe bereits seit fast einer Woche in einem nahen Waldstück, etwa 5 Kilometer Luftlinie vom Haus der Eisemanns entfernt, und sei, wie es den Anschein habe, nicht bewegt worden. Als uniformierte Polizeikräfte eintrafen, stellten sie zunächst anhand des Kennzeichens den Halter des Fahrzeuges fest: Es war der Wagen der als vermisst gemeldeten Eva Eisemann.

Allerdings wurde den Beamten mulmig zumute, da beide Vordersitze geradezu mit Blut durchtränkt waren. Außerdem nahmen sie einen Geruch wahr, der sie Schlimmes befürchten ließ. Nachdem sie das unverschlossene Fahrzeug nach Hinweisen auf den Verbleib der Besitzerin durchsucht hatten, stellten sie fest, dass der Geruch aus dem Kofferraum kam. Als sie diesen mit einer Brechstange aufbrachen, machten sie einen grausigen Fund, den sie nie mehr vergessen sollten: Vor ihnen lag der gefesselte, geschundene nackte Körper einer Frau. Was sie aber am meisten entsetzte, war die Tatsache, dass dem bereits verwesenden Körper der Kopf abgeschlagen worden war.

Schilling erhielt die Meldung als Leiter der Dienststelle für Todes- und Vermisstenfälle auf seinen Schreibtisch. Er machte sich große Vorwürfe, weil er den Hinweisen von Freunden und Nachbarn der Familie Eisemann nicht weiter nachgegangen war, und nahm die Ermittlungen erneut auf.

Er suchte den Ehemann auf, um ihm die furchtbare Mitteilung persönlich zu machen. Aber noch etwas außer Mitgefühl bewog ihn, diese traurige Pflicht zu übernehmen. Er wollte die Reaktion des Mannes beobachten, da sich ihm der furchtbare Verdacht aufdrängte, dass Markus Eisemann für den Tod seiner Frau verantwortlich war.

Markus Eisemann brach völlig zusammen und schluchzte hemmungslos. Aus ihm war nichts weiter herauszubringen als die Worte: *Das habe ich nicht gewollt*. Was genau er damit meinte, erklärte er nicht näher.

Schilling entschloss sich, die Nachbarn erneut nach dem Ablauf der Geschehnisse am 3. Februar 1999 zu befragen.

Die direkte Nachbarin der Eisemanns, Olga Kosak, erwies sich als sprudelnde Informationsquelle. Sie gehörte zu der Art von Menschen, die alles über ihre Nachbarn wissen und andere mit ihrer Neugierde in den Wahnsinn treiben können, aber die über eine großartige Beobachtungsgabe verfügen.

Ihrer Darstellung zufolge war es am Morgen des 3. Februar zu einer lautstarken Auseinandersetzung der Eheleute gekommen, in deren Verlauf es, wie schon so oft in letzter Zeit, zu Tätlichkeiten kam. Das glaubte sie an Schreien und eindeutigen Geräuschen zu erkennen. Nachdem Markus Eisemann eine Drohung ausgestoßen habe, habe er dann gegen 9.00 Uhr das Haus wutentbrannt verlassen. Einige Zeit sei dann nichts geschehen. Frau Kosak verlor erst einmal das Interesse am Geschehen. Gegen 10.30 Uhr sei dann der Postzusteller gekommen. Sie habe bemerkt, wie sich die Garage ihrer Nachbarn öffnete und Eva Eisemanns Fahrzeug davonfuhr. Olga Kosak konnte nur einen kurzen Blick auf die Frau erhaschen, gelangte aber zu der Überzeugung, dass Frau Eisemann *aufgelöst* erschien. Sie habe Frau Eisemann seither nicht mehr gesehen.

Schilling zog jede Möglichkeit in Betracht.

Als der Wagen gefunden wurde, befand sich nichts darin, was darauf schließen ließ, das Eva Eisemann Einkäufe getätigt hatte. Schilling ging also davon aus, dass sie sich mit jemandem getroffen hatte. Möglicherweise hatte sie eine dementsprechende Verabredung am Telefon vereinbart. Schilling ließ bei der Telefongesellschaft nachfragen und es stellte sich tatsächlich heraus, dass der Telefonanschluss des Ehepaares Eisemann gegen 10.15 Uhr angerufen worden war.

Dies war an sich nicht bemerkenswert, was den Ermittler jedoch erstaunte, war der Anrufer: Der Anruf kam nämlich von dem Handy des Ehemannes. Davon hatte dieser aber in den vorangegangenen Gesprächen nichts erzählt. Schilling sah seinen Verdacht bestätigt, wusste aber, dass er nun vorsichtig vorgehen musste.

Er setzte sich mit der Spurensicherung in Verbindung und erfuhr, dass abgesehen von den Fingerabdrücken der Fahrzeughalterin nur noch die ihres Ehemannes gefunden worden waren.

Schilling konnte sich auf die Aussage von Olga Kosak berufen, dass Eva Eisemann mit dem Wagen weggefahren sei. Irgendwann muss sie ihren Mörder getroffen haben, der dann die Leiche im Kofferraum versteckte. Wann der Mann zugestiegen war oder wo, schien unerheblich. Für Schilling ließ das nur einen Schluss zu, nämlich dass der Mörder Markus Eisemann hieß. Mit seinen bisherigen Erkenntnissen begab er sich zu dem zuständigen Staatsanwalt, der ihm die Erlaubnis verschaffte, das Haus des Ehepaares Eisemann zu durchsuchen.

Schilling hoffte, in dem Haus die Kleidung zu finden, die Eva Eisemann am Tage ihres Verschwindens getragen hatte, da diese in der Umgebung des Leichenfundortes nicht aufzufinden gewesen war. Schilling vermutete, dass der Täter sie mitgenommen hatte, um Spuren zu vernichten.

Am 10. Februar nahm Kommissar Schilling mit der Hilfe einiger Kollegen eine Durchsuchung des Hauses Eisemann vor. Der bei der Durchsuchung anwesende Markus Eisemann konnte es nicht fassen. Er betonte immer wieder, dass er seine Frau zuletzt am Morgen des 3. Februar gesehen und ihr nichts zuleide getan habe.

Schilling konfrontierte ihn mit der Tatsache, dass er von dem Anruf wusste, den Eisemann kurz vor 10.30 Uhr des betreffenden Tages getätigt hatte. Eisemann knickte nun ein und gab zu, mit seiner Frau telefoniert zu haben. Er habe sich mit ihr versöhnen wollen und ihr vorgeschlagen, sich mit ihm zum gemeinsamen Mittagessen zu treffen. Sie hatte grundsätzlich zugestimmt, das Telefonat jedoch unterbrochen, weil es an der Tür geklingelt hatte. Sie wollte ihn später noch einmal anrufen. Dazu sei es dann aber nicht mehr gekommen.

Die Geschichte von dem Besucher, die Eisemann den Ermittlern vorsetzte, schien mehr als ominös, da es hierfür keine Zeugen gab. Der Kriminalbeamte wertete sie als eine Schutzbehauptung.

Die Kleidung der Toten wurde im Haus nicht gefunden. Die Polizei konnte in dem Haus nichts entdecken, was auf ein Verbrechen hinwies, aber auch nichts, was dagegen sprach.

Dies schien Schilling allerdings unerheblich, da das Verbrechen nicht im Hause stattgefunden haben konnte. Er war mehr als zuvor davon überzeugt, dass Eisemann seine Frau getötet hatte. Vieles sprach dafür: Es hatte in der Ehe der beiden bereits längere Zeit gekriselt und es war zu Tätlichkeiten gekommen. Zusätzlich gab es die Fingerabdrücke in dem Fahrzeug der toten Frau und die Tatsache, dass Eisemann für den betreffenden Zeitraum kein Alibi hatte. Eisemann hatte außerdem verschwiegen, dass er mit seiner Frau telefoniert hatte und gab das erst zu, als man es ihm vorhielt.

Der Staatsanwalt und später auch der Richter, gingen davon aus, dass Eisemann sich mit seiner Frau am Telefon verabredet und sie an die einsame Stelle im Wald bestellte hatte, um sich vielleicht mit ihr auszusprechen. Wahrscheinlich war es erneut zu einem Streit gekommen. Er hatte sie dann im Affekt getötet.

Eisemann stritt auch im Prozess jede Schuld ab.

Die Tatsache, dass er dem Gericht nicht sagen wollte, warum er seiner Frau den Kopf abgeschlagen hatte und wo er den Kopf versteckt hatte, wurde zu seinen Ungunsten ausgelegt.

Eisemann beteuerte bis zum Ende des Verfahrens, dass er seine Frau nicht getötet und ihr auch nicht den Kopf abgeschlagen habe. Er könne nicht sagen, wo sich der Kopf befinde, weil er es einfach nicht wisse.

Markus Eisemann wurde im Oktober 1999 zu 9 Jahren Haft wegen Totschlags verurteilt.

Zwei Jahre später, im Januar 2001, ging ein Notruf bei der Polizei in Frankfurt ein. Ein Bewohner eines Mehrfamilienhauses in einer der Trabantenstädte Frankfurts teilte mit, dass er aus der Nachbarwohnung die Schreie einer Frau vernommen habe. Er habe schon mehrmals geklingelt und versucht, mit dem Wohnungsinhaber, einem allein stehenden Mann, Kontakt aufzunehmen, das sei ihm jedoch nicht gelungen.

Als die Polizei eintraf, zeigte ihnen der besorgte Nachbar die Wohnung. Der Anrufer sagte, es handele sich bei dem Wohnungsinhaber um Stefan Habicht, der erst seit einigen

Monaten hier wohnte. Er lebe sehr zurückgezogen und bekomme auch so gut wie nie Besuch. Hin und wieder sei es zu einer erheblichen Geruchsbelästigung gekommen, die Habicht jedoch damit begründete, dass er Pansen für seinen Hund gekocht habe.

Die Beamten suchten die Wohnung auf und klingelten, aber erst nachdem sie laut und anhaltend klopften und sich als Polizeibeamte zu erkennen gaben, machte ein junger Mann die Tür einen Spalt breit auf.

Auf Nachfrage gab er an, er sei Stefan Habicht. Er wirkte sehr nervös und versuchte den Polizisten einen Blick in die Wohnung zu verwehren.

Den Beamten kam das Verhalten des Mannes merkwürdig vor. Sie bestanden darauf, in die Wohnung gelassen zu werden.

In diesem Moment versuchte der Mann durch das Treppenhaus zu entkommen. Polizeioberwachtmeister Schrader erwischte ihn aber am Arm und zog ihn zurück in die Wohnung. Nun beunruhigt, durchsuchten die Polizisten die Räumlichkeiten und machten eine schreckliche Entdeckung: Im Badezimmer lag in einer großen Blutlache eine Frau. Die gesamte Nasszelle war blutbespritzt. Der Frau war augenscheinlich die Kehle durchgeschnitten worden.

Die Beamten forderten sofort Unterstützung und einen Notarzt an. Sie selbst versuchten, der Frau zu helfen, als jedoch der Arzt eintraf, konnte er nur noch ihren Tod feststellen.

Zunächst erschien diese Tat im Affekt erfolgt zu sein, erst die eintreffenden Kriminalbeamten fanden Hinweise darauf, dass es sich bei Stefan Habicht um einen Serienmörder handelte. In einem Schrank im Wohnzimmer fanden sie mehrere Totenköpfe. Einige von ihnen waren künstlich, drei davon aber menschlichen Ursprungs.

Die menschlichen Totenköpfe wurden in der Rechtsmedizin von einem Anthropologen untersucht. Dabei stellte sich heraus, dass es sich bei allen um weibliche Schädel handelte.

Die Schädel waren verhältnismäßig klein und wiesen schwach ausgeprägte Augenbrauenwülste sowie eine glatte Stirnpartie auf.

Bei einem Schädel waren die Schädelnähte größtenteils verwachsen, allerdings noch sichtbar. Somit musste es sich um eine Frau von mindestens 30 Jahren handeln. Dies war allerdings nur ein sehr vager Hinweis auf das tatsächliche Alter.

Stefan Habicht kam in Untersuchungshaft und wurde dort von dem Staatsanwalt vernommen. Er war voll geständig und schilderte seine grausigen Taten in allen Einzelheiten. Zwei der Schädel konnten Frauen zugeordnet werden, die seit einigen Monaten als vermisst galten. Die kopflosen Körper hatte Habicht, eigenen Angaben zufolge, in einem Wald in der Nähe verscharrt. Bei der dritten Leiche sei er nicht mehr dazu gekommen.

Als er diesen Fall schilderte, wurden den Beamten bewusst, dass es zwei Jahre zuvor zu einem entsetzlichen Justizirrtum gekommen war. Denn Habicht gab an, er habe bis zum Sommer 1999 als Kurierfahrer im Großraum Frankfurt gearbeitet. Dabei habe er auch eine Frau kennen gelernt, die in einem Nobelvorort lebte. Er habe sie ein paar Tage beobachtet und sei dann, als der Ehemann das Haus verließ, zur Tat geschritten. Er habe bei der Frau geklingelt und sie, kaum dass sie die Tür geöffnet hatte, mit einem Messer bedroht.

Er habe die verängstigte Frau darauf in die Garage gelotst und genötigt, in den Wagen zu steigen. Er selbst saß auf dem Beifahrersitz, duckte sich jedoch, um von möglichen Zeugen nicht gesehen zu werden.

In einem kleinen Waldstück ganz in der Nähe des Hauses, befahl er der Frau, anzuhalten. Er hatte eigentlich vorgehabt, mit der Frau ein Stück in den Wald hinein zu gehen, um, wie er sagte, *ungestört zu sein*, aber sie habe plötzlich um sich geschlagen und versucht, den Wagen zu verlassen. Da habe er ihr kurzerhand die Kehle durchgeschnitten. Mit einer mitgebrachten Säge entfernte er dann ihren Kopf vom Körper – Habicht beschrieb den Mord an Eva Eisemann!

Zu seinen Motiven erklärte er, dass ihn der weibliche Schädel schon immer fasziniert habe. Zunächst habe er sich nur Plastikschädel gekauft und ihnen Namen gegeben, aber irgendwann reichte ihm das nicht mehr, und so begann er, wie er es nannte, *auf die Jagd zu gehen*.

Markus Eisemann wurde zwei Jahre nach seiner Inhaftierung als gebrochener Mann aus dem Gefängnis entlassen. Er verließ Frankfurt und lebt heute unter einem anderen Namen in einer norddeutschen Kleinstadt.

Stefan Habicht wurde wegen Mordes in drei Fällen zu einer lebenslangen Freiheitsstrafe verurteilt, ohne die Möglichkeit einer vorzeitigen Entlassung.

ZÄHNE

Die meisten Menschen gehen heutzutage regelmäßig zum Zahnarzt. Und das ist auch gut so.

Wer schon einmal den Zahnarzt gewechselt hat, der kennt das. Der Arzt sieht sich das Gebiss genau an und diktiert einer Zahnarzthelferin die Position der vorhandenen eigenen Zähne, von Zahnersatz und Plomben. Er erstellt einen Zahnstatus, der ständig vervollständigt, wenn nötig korrigiert, also immer auf dem Laufenden gehalten wird.

Im Allgemeinen macht man sich darüber keine Gedanken, man ist immer nur froh, wenn man die Zahnarztpraxis wieder verlassen kann und für die nächsten sechs Monate Ruhe hat.

Allerdings sind auch die Zähne ein wichtiger Teil der Forensik, nämlich wenn es darum geht, unbekannte Leichen zu identifizieren oder Täter zu überführen.

Zähne sind weitaus stabiler als Knochen und überstehen auch extreme Bedingungen meist unbeschadet. Sie sind bei Brandkatastrophen oft die einzige Möglichkeit, ein Opfer zu identifizieren.

Denken wir an den Tsunami im Dezember 2004 in Asien. Hier waren die Leichen teilweise schon so stark verwest, dass Zahnexperten vom Bundeskriminalamt nur noch anhand der Zähne die Identität der Opfer feststellten konnten.

Einem Zahnexperten, also einem Odontologen, ist es möglich, anhand des Zustandes oder der Abnutzungserscheinung eine ungefähre Altersbestimmung vorzunehmen. Von großer Bedeutung sind hier die Weisheitszähne. Zugegeben, für die meisten Menschen sind diese ein Ärgernis, in der Forensik aber ein wichtiges Indiz.

Sind die Weisheitszähne noch nicht durchgebrochen, kann man davon ausgehen, dass es sich bei der zu identifizierenden Person um ein Kind oder einen Jugendlichen handelt. Ist diese Art der Backenzähne bereits durch den Kiefer gebrochen, kann man zumindest sagen, dass die Person erwachsen ist. In den 50er Jahren entwickelte der schwedische Professor Gosta Gustafson eine Bewertungsskala, die sechs verschiedene Punkte umfasste. Es war ihm damit möglich, das Alter einer Person fast genau zu bestimmen.

Eine weiterer wichtiger Bereich der forensischen Odontologie ist die Identifizierung von Tätern – so wurde zum Beispiel der Serienmörder Ted Bundy auf diese Weise überführt.

An einem seiner Opfer fand man Bissspuren. Ein kompletter Gebissabdruck Ted Bundys wurde angefertigt, der Zahnexperte konnte vor Gericht eine Übereinstimmung der Bissspuren, die fotografiert wurden, mit diesem Gebissabdruck aufzeigen. Damit wurde er als Täter überführt und daraufhin zum Tode verurteilt.

Mit Hilfe von UV-Licht können Bissspuren noch sehr lange sichtbar gemacht werden, aber gängige Praxis ist, die Bissspuren am Opfer zu fotografieren. Die Fotos zeigen all das auf, was der Odontologe braucht. So sind Fehlstellungen, Abnutzungen, Zahnlücken und vieles andere erkennbar.

Zuerst aber muss geklärt werden, ob der Biss von einem Menschen oder von einem Tier stammt. Das Gebiss eines Menschen hat im Groben Ähnlichkeit mit einem Hufeisen, ist somit breiter als das eines Tieres. Unsere Zähne sind breiter und zudem stumpfer als die von Tieren. Hunde und Katzen haben Fangzähne, die spitze Abdrücke hinterlassen. Unsere Eckzähne hingegen sind nicht besonders ausgeprägt.

Ratten wiederum hinterlassen zwar rein äußerlich nur sehr kleine Wunden, sie gehen jedoch sehr tief.

Gefährliche neue Freunde

Matthias Kleist bereitete seinem Vater schon lange Kummer.

Seit dem tragischen Unfalltod der Mutter zwei Jahre zuvor hatte der 15-Jährige anscheinend jeden Halt verloren.

Als die schulischen Leistungen seines Sohne nachzulassen begannen, machte sich Gerd Kleist noch keine allzu großen Sorgen. Er selbst war noch zu sehr in seiner Trauer gefangen, um die Alarmsignale bei seinem Sohn rechtzeitig zu erkennen. Erst als der Klassenlehrer anrief und den Vater vom ständigen Schulschwänzen des Sohnes in Kenntnis setzte, begann Gerd Kleist, sich näher mit den Problemen seines Sohnes zu befassen. Zu spät, wie sich herausstellen sollte. Matthias hatte sich von seinen bisherigen Freunden abgewandt und neue *Freunde* gefunden, die ihm allerdings alles andere als gut taten.

Meist hatte Gerd Kleist keine Ahnung, wo sein Sohn sich herumtrieb, und er fand auch keinen Zugang zu ihm. Mit Matthias war nicht mehr zu reden und er lehnte es auch ab, mit seinem Vater über Probleme zu sprechen. Er hatte kein Interesse mehr an der Schule und sämtliche Hobbys aufgegeben.

Solange der Junge abends noch nach Hause kam, war Gerd Kleist der Meinung, eine gewisse Kontrolle ausüben zu können.

Ein fataler Irrtum, wie sich schnell herausstellte.

Eines Abends erhielt der Vater einen Anruf der örtlichen Polizei.

Man teilte ihm mit, dass man Matthias mit Diebesgut aufgegriffen habe, über dessen Herkunft er keine Angaben machen konnte oder wollte.

Man bat Gerd Kleist, seinen Sohn von der Polizeiwache abzuholen. Als Matthias Vater in der Dienststelle erschien, wurde er von einem Beamten beiseite genommen.

Man ließ Matthias nur laufen, weil er aus einem anscheinend intakten Elternhaus stammte, und weil er bisher noch nicht einschlägig bei der Polizei in Erscheinung getreten war. Jedoch warnte ihn der Polizist, dass Matthias eindeutig in schlechte Gesellschaft geraten sei, und dass die Jugendlichen, mit denen der Junge seine Zeit verbrachte, ein ganz gefährliches Kaliber seien. Man habe sie sogar in Verdacht, gewerbsmäßig mit Diebesgut zu handeln und außerdem in den Drogenhandel verstrickt zu sein.

Der Beamte machte Gerd Kleist klar, dass die Zeit zum Handeln nun gekommen sei und er nicht mehr weiter tatenlos zusehen könne, wie sein Sohn immer mehr abrutsche. Es sei nur eine Frage der Zeit, wann Matthias sich in Haft wiederfinde.

Gerd Kleist war schockiert. So schlimm hatte er sich die Situation nicht vorgestellt. Er hatte in der Vergangenheit versucht sich einzureden, dass dies alles nur eine Phase, ausgelöst durch den Tod der Mutter, sei, und dass sich die Probleme irgendwann von selbst lösten.

Er versuchte auf dem Nachhauseweg mit Matthias zu sprechen, der Junge jedoch gab sich verstockt, und als sie zu Hause ankamen, schloss sich Matthias umgehend in seinem Zimmer ein.

Als Gerd Kleist seinen Sohn am nächsten Tag wecken wollte, war der Junge nicht mehr da. Das Bett schien unberührt, außerdem fehlten ein paar Kleidungsstücke sowie sein Rucksack. Matthias war abgehauen.

Gerd Kleist versuchte es zunächst bei Klassenkameraden, musste allerdings bald feststellen, dass Matthias jeglichen Kontakt abgebrochen hatte. Auch in der Schule kam er nicht weiter. Nachdem er einem der Lehrer Prügel angedroht hatte, hatte man ihn gewähren lassen, was in diesem Fall bedeutete, dass es niemanden mehr kümmerte, ob Matthias zur Schule kam oder nicht. Es schien, als seien die meisten froh, dass Matthias so gut wie gar nicht mehr am Unterricht teilgenommen hatte.

Schließlich blieb dem besorgten Vater nichts weiter übrig, als sich an die Polizei zu wenden und seinen Sohn als vermisst zu melden.

Nach allem, was bei der Polizei über Matthias und seine Kontakte bekannt war, behandelte man seinen Fall wie einen von vielen jugendlichen Ausreißern. Einige Zeit geschah nichts.

Etwa drei Monate später wurde Matthias Kleist im 80 Kilometer entfernten Berlin gefunden. Tot.

Er lag in einem unterirdischen Bunker einer verlassenen Kaserne, die die russische Armee nach ihrem Abzug dem Verfall preisgegeben hatte. Matthias war erstochen worden. Sein Körper wies fast 20 Stichwunden auf.

Für Kriminaloberkommissar Mark Heidenreich war so etwas trauriger Alltag. Immer wieder hatte er mit jugendlichen Toten zu tun, die als Straßenkinder oder Junkies trostlos dahinvegetiert und keine Chance erhalten hatten, ein geregeltes Leben zu führen.

Er wusste, dass diese Kaserne von einer Gang als Unterschlupf genutzt wurde. Bei dieser Gang handelte es sich um eine relativ kleine Gruppe von sieben Jugendlichen, zum Teil deutscher, zum Teil türkischer Herkunft, die mit Drogen handelten. Diese Bande war bereits vor einiger Zeit in das Visier der Fahnder geraten, konnte aber nie auf frischer Tat erwischt werden. Heidenreich ging davon aus, dass Matthias Kleist sich dieser Gruppe angeschlossen hatte.

Der Rechtsmediziner stellte fest, dass Matthias keine Drogen konsumiert hatte. Neben den Stichwunden zählte er diverse Schnittwunden sowie Spuren von auf der Haut ausgedrückten Zigaretten. All diese Verletzungen waren Matthias vor seinem Tod zugefügt worden. Letztendlich hatte man Matthias die Kehle durchschnitten und so seinen Tod herbeigeführt.

In Anbetracht von Matthias' Fundort vermutete Heidenreich, dass er in Kontakt zu der besagten Drogenbande gestanden hatte.

Wenn man in Betracht zog, dass er keine Drogen konsumiert hatte, konnte man davon ausgehen, dass er ebenfalls *nur* mit Drogen gehandelt hatte. Die Tatsache, dass man ihn anscheinend vor seinem Tod quälte, ließ darauf schließen, dass er sich in irgendeiner Weise den Zorn der Bande zugezogen hatte.

Heidenreich besorgte sich die Kriminalakten der Bandenmitglieder und betrachtete sie genauer.

Der Jüngste der Straftäter war 16 Jahre alt, der Älteste 21 Jahre.

Alle hatten einen festen Wohnsitz, entweder bei den Eltern, in Jugendwohnungen, oder, im Falle des Ältesten, in einer Sozialwohnung.

Alle gaben sich nach außen hin den Anschein eines normalen Lebens.

Heidenreich suchte sie alle auf und zeigte ihnen ein Foto von Matthias.

Alle gaben ausnahmslos zu, ihn gekannt, aber seit einigen Wochen nicht mehr gesehen zu haben.

Er sei vor etwa drei Monaten am Berliner Hauptbahnhof aufgetaucht und man habe sich seiner angenommen und sich um ihn gekümmert, da er nicht mehr nach Hause wollte.

In den Gesprächen, die Heidenreich mit den Gangmitgliedern führte, identifizierte er zwei Personen als mutmaßliche Wortführer der Gruppe.

Da war zum einen Lars Johannsen, 21 Jahre alt, und zum anderen Christian Scheffler, 19 Jahre alt. Lars schien so etwas wie der Bandenchef zu sein, während sich Christian mit der Rolle des *Adjutanten* begnügte.

Sie gaben unumwunden zu, mit Matthias Kontakt gehabt zu haben, behaupteten allerdings, nichts über die Umstände seines Todes zu wissen. Auch von dem Bunker, den Heidenreich erwähnte, hätten sie angeblich noch nie etwas gehört.

Heidenreich war sicher, dass sie logen. Er steckte aber mit seinen Ermittlungen fest, denn auch nachdem die Presse diesen Fall in der Öffentlichkeit breitgetreten hatte, meldeten sich keine Zeugen.

Hilfe bekam er eine Woche später von unerwarteter Seite.

In der Dienststelle erschien eine junge hochschwangere Frau. Sie hatte Prellungen im Gesicht, ein Auge war zugeschwollen, die Lippe aufgeplatzt.

Ihr Name war Katharina Melker. Sie gab an, die Freundin von Lars Johannsen zu sein. Zwischen den beiden sei es zu einem Streit gekommen. Wie so oft in letzter Zeit ging es um die Zukunft, denn Katharina erwartete von Lars ein Kind und bat ihn, mit seinen *Geschäften* aufzuhören, um sich einen Job zu suchen.

Er habe sie daraufhin geschlagen. Das sei zwar nicht das erste Mal gewesen, aber dieses Mal habe sie Angst – um sich und um ihr ungeborenes Kind. Er hatte ihr gedroht, wenn sie *nicht die Schnauze halte, ginge es ihr wie dem Matthias.*

Heidenreich wusste, dass er in Katharina eine wichtige Verbündete gefunden hatte, und fragte sie, was sie denn von Matthias wisse.

Sie gab an, dass Matthias vor einigen Monaten in die Stadt gekommen sei. Er habe sich Lars und seiner Bande angeschlossen. Vor zwei Wochen allerdings hatte es Schwierigkeiten gegeben. Katharina wusste nur so viel, als dass es um eine Lieferung Drogen gegangen sei. Lars halte sich ihr gegenüber ziemlich bedeckt, was seine Aktivitäten angehe. Jedenfalls habe sie mitbekommen, dass er sich mit Matthias verabredet habe. Sie vermutete, dass sie sich bei der Kaserne getroffen hatten. Lars sei ein paar Stunden später wieder aufgetaucht und zwar ohne Matthias. Auf ihre Fragen, wo denn der Matthias sei, habe Lars nicht geantwortet.

Erst als Lars sie wieder geschlagen und ihr gedroht habe, sei ihr der Gedanke gekommen, dass Lars etwas mit dem Tod von Matthias zu tun haben könnte.

Heidenreich ließ seine Zeugin in einem Frauenhaus unterbringen und überlegte sich weitere Schritte.

Ihm war klar, dass er bisher nichts in der Hand hatte. Niemand hatte tatsächlich gesehen, was mit Matthias geschehen war. Die Befürchtungen und Ängste der schwangeren Freundin würde man in einem Prozess bestenfalls als die Rachephantasien einer misshandelten Frau werten.

Es gab nur eine Möglichkeit: Heidenreich suchte zusammen mit der Spurensicherung den Fundort der Leiche erneut auf.

Aufgrund der Spurenlage – der Raum, in dem Matthias gelegen hatte, war über und über mit Blut besudelt – war von vornherein klar, dass dies nicht nur der Fundort, sondern auch der Tatort gewesen sein musste.

Der betreffende Raum in dem Bunker war klein und maß ungefähr 3 mal 4 Meter.

Akribisch gingen die Ermittler zu Werke.

Im Laufe der Jahre war der Putz von den Wänden gebröckelt und lag nun auf dem Betonboden verteilt. Zerbrochene Flaschen und verrostete Farbdosen fanden sich hier ebenso wie benutzte Kondome.

Aber noch etwas fanden Heidenreich und seine Kollegen: einen Kaugummi.

Mit Hilfe der Tatortfotos konnte festgestellt werden, dass der Kaugummi unter der Leiche von Matthias gelegen haben musste. Die Chance schien auf den ersten Blick gering, aber der Kriminalbeamte versuchte es. Er stellte den Kaugummi sicher und übergab ihn einem forensischen Odontologen.

Dieser stellte fest, dass der Kaugummi nicht verformt war. Das sprach dafür, dass er nicht *ausgespuckt* wurde, sondern aus dem Mund *gefallen* war.

Er stellte mit Gips einen Positivabdruck her.

Jetzt fehlte nur noch ein Vergleichsabdruck.

Heidenreich ließ von Lars Johannsen und Christian

Scheffler Zahnabdrücke nehmen. Hierzu mussten sie in eine Abformmasse beißen, aus der in einem späteren Arbeitsgang dann ein Postivabdruck hergestellt wird.

Heidenreich konnte es kaum glauben: Anhand der Vergleichsabdrücke konnte zweifelsfrei festgestellt werden, dass der Kaugummi aus Johannsens Mund stammte.

Scheffler bekam es mit der Angst zu tun und legte ein Geständnis ab.

Er gab zu, dass die Gang in den Rauschgifthandel verstrickt war.

Matthias Kleist, als jüngstes Mitglied, war die Aufgabe des Kuriers zugekommen.

Vor ein paar Wochen fehlte eine größerer Menge aus dem Depot und Lars Johannsen verdächtigte Matthias, etwas für sich abgezweigt zu haben.

Unter einem Vorwand lockte er ihn in den Bunker, fesselte ihn und begann dort, ihn zu *verhören*.

Dabei habe Johannsen Zigaretten auf Matthias Rücken und Brust ausgedrückt sowie ihm mit einem Messer oberflächliche Schnitte zugefügt.

Matthias habe bis zum Schluss beteuert, keinen Stoff gestohlen zu haben. Irgendwann seien die *Pferde mit Johannsen durchgegangen*, und er habe auf Matthias eingestochen, bis dieser sich nicht mehr rührte. Um sicher zu gehen, dass er wirklich tot war, habe er ihm noch die Kehle durchgeschnitten.

Er, Christian Scheffler, habe sich an der Tat nicht beteiligt.

Lars Johannsen schob in dem Gerichtsverfahren alle Schuld auf Christian Scheffler.

Beide wurden wegen Mordes zu langjährigen Haftstrafen verurteilt.

6. Kapitel

Die Fingerschau
Daktyloskopie

Wenn von der *Daktyloskopie,* übersetzt »Fingerschau«, die Rede ist, dann denkt man sofort an Finger*abdrücke*. Dieser Ausdruck ist allerdings nicht ganz korrekt.

Es muss heißen: Finger*spur*.

Genau wie bei der Unterscheidung der Schuhabdrücke und -spuren gibt es hier einen Unterschied.

Bei einem Abdruck wird etwas in ein Objekt hineingedrückt. Bei einer Spur werden Muster *auf* einem Objekt hinterlassen.

In der Forensik hat es in den letzten 100 Jahren rasante Fortschritte gegeben, vergleichbar mit denen der Automobilbranche. Wie ein Großteil der Kriminaltechnik ist auch die Daktyloskopie eine sehr junge Wissenschaft. Der Erste, der die Fingerschau einführte, war der Engländer William Herschel. Dieser Beamte der indischen Zivilverwaltung suchte 1877 nach einer verlässlichen Möglichkeit, Arbeiter so zu identifizieren, dass ihnen die Löhne ausgezahlt werden konnten.

Etwa zur gleichen Zeit hatte Dr. Henry Faulds, ebenfalls ein Engländer, die gleiche Idee, konnte sich aber mit seiner

Idee, die Fingerschau an Tatorten zur Überprüfung von Verbrechern einzusetzen, nicht durchsetzen.

Erst Francis Gaulton (1822–1911), der zum Thema Vererbungslehre umfassende Studien durchführte, fasste die Ergebnisse der beiden zusammen und begründete die Daktyloskopie wissenschaftlich. Weiterentwickelt wurde sie durch den späteren Londoner Polizeichef Edward Henry (1850–1931). In Indien wurde die Daktyloskopie zur Identifizierung von Verbrechern 1897 eingeführt, in England 1901 und in Deutschland 1903. Die meisten anderen Länder zogen nur sehr zögerlich nach.

Man unterscheidet bei der Daktyloskopie drei Grundmuster von Fingerlinien, nämlich das Bogen-, das Schleifen- und das Wirbelmuster.

Die zwei wichtigsten Grundsätze der Daktyloskopie sind die Einmaligkeit sowie die Unveränderlichkeit der *Papillarleisten*. *Papillarleiste* heißt übersetzt Hautleiste. Man findet sie an Händen und Füßen eines Menschen. Selbst bei eineiigen Zwillingen unterscheiden sich die Hautleistenbilder.

In der Vergangenheit hat es Fälle gegeben, in denen sich die Straftäter mit Säure die Fingerspitzen verätzt haben, in der Hoffnung, dass die nachwachsende Haut andere *Papillarleisten* aufweise. Dies ist ein Irrtum, denn *Papillarleisten* sind unveränderlich. Und vor allen Dingen wachsen sie immer wieder nach.

Wie überträgt sich nun eine Fingerspur auf ein Objekt?

Die Fingerspur besteht hauptsächlich aus einer Natriumchloridlösung, kurz gesagt: aus Schweiß. Ferner finden sich geringe Mengen von Aminosäuren, Harnstoff und Talg. Die Hände an sich haben zwar keine Talgdrüsen, dafür aber andere Teile des Körpers, wie zum Beispiel die Kopfhaut. Durch den Kontakt der Hände mit der Kopfhaut wird Talg übertragen, er findet sich daher auch in Fingerspuren.

Bei erkennungsdienstlichen Maßnahmen werden Fingerabdrücke in das so genannte Automatisierte Fingerabdruckidentifizierungssystem (AFIS) eingescannt. Die bei den polizeilichen Ermittlungen erfassten Fingerabdrücke werden dann als Kopie an das Bundeskriminalamt weitergeleitet und in Wiesbaden zentral gesammelt.

Durch die moderne Computertechnologie ist es möglich, die am Tatort festgestellten Fingerabdrücke mit den in der Zentraldatei gespeicherten zu vergleichen. Auf diese Weise kann man Verdächtige schneller ermitteln und Unschuldige früher entlasten als in der Zeit vor der Computerisierung, wo solche Vergleiche noch mühsam von Experten durchgeführt wurden. Allein im Jahre 2004 konnten den am Tatort vorgefundenen Abdrücken so bei rund 43 Prozent der bearbeiteten Vorgänge bestimmte Personen zugeordnet werden.

Derzeit sind, wie das Bundeskriminalamt auf seiner Homepage mitteilt (http://www.bundeskriminalamt.de/profil/profil5.html), die Fingerabdrücke von über 3 160 000 Personen registriert. Jeden Monat erhält das Amt etwa 36 000 Fingerabdruckblätter zur Auswertung; die Bestände werden allerdings auch regelmäßig gemäß den Bestimmungen des Datenschutzes nach einer gewissen Frist »bereinigt« – 270 000 Fingerabdruckblätter wurden daher im Jahr 2004 aus der Datei genommen.

Nicht nur deutsche Fingerabdrücke liegen digitalisiert im Wiesbadener Archiv: Etwa 43 000 Fingerabdruckblätter aus dem Ausland sind ebenfalls erfasst, die im Rahmen der internationalen Rechtshilfe an das BKA weitergeleitet wurden.

Fingerspuren sind äußerst haltbar. Sie überstehen Nässe ebenso wie Frost.

Es gibt sehr unterschiedliche Arten, Fingerspuren zu sichern. Sie sind abhängig von dem Gegenstand, auf dem sie sich befinden. Ein Glas beispielsweise wird mittels eines speziellen Pinsels mit einem feinen Pulver eingestäubt. Das Pulver bleibt an der Feuchtigkeit des Abdruckes haften und macht so die Spur sichtbar.

Eine weitere Methode ist die *Laserlumineszenz*. Bei dieser Methode wird mit einem Laser die Fingerspur auf einem Objekt zum *Fluoreszieren* gebracht. Diese Methode eignet sich besonders für Oberflächen aus Kunststoff, für Kleidung, Holz, Metall etc.

Bei einer anderen Methode wird Silbernitrat versprüht. Dieses Verfahren wird häufig benutzt, wenn Fingerspuren zum Beispiel auf einem gestohlenen oder gefälschten Scheck gesichert werden sollen. Die Silbernitratlösung reagiert auf die Chloride in der Fingerspur und bildet einen Niederschlag.

Eine interessante Variante zur Sicherung von Fingerspuren wurde in Kanada entwickelt. Diese Art der Sicherung findet bei Mordopfern Verwendung. Jod wird mit anderen Chemikalien vermischt und zum Verdampfen gebracht. Dann wird dieser Dampf über das Opfer beziehungsweise den Körper geblasen. Dieser Dampf reagiert mit den Rückständen der Fingerspur. Die Methode funktioniert allerdings nur bis etwa 5 Tage nach dem Tod eines Menschen. Dann macht der natürliche Fäulnisprozess des Körpers eine Sicherung der Fingerspuren unmöglich.

Selbst auf einem Stück Stoff lassen sich Fingerspuren nachweisen. Der Stoff wird in einem Behälter eingeschlossen, in dem die Luftfeuchtigkeit unter 50 Prozent betragen muss. Der Behälter wird dann mit radioaktiven Gas gefüllt.

Die radioaktiven Teilchen verbinden sich mit den Ablagerungen der Fingerspur. Anschließend wird der Stoff auf einen fotografischen Film gepresst. Für diesen Vorgang wird im Allgemeinen radioaktiver Joddampf verwendet.

Die tote Bankierswitwe

Johanna Millbach, eine 84-jährige Bankierswitwe, wurde von ihrer Haushälterin am 8. September 2001 morgens tot in ihrem Bett aufgefunden.

Da Frau Millbach schon lange herzkrank war, rief ihre Haushälterin, Maria Lesch, einen Rettungswagen. Der eintreffende Notarzt, der mit der Krankengeschichte der Frau nicht vertraut war, rief vorsorglich, wie es in solchen Fällen üblich ist, die Polizei.

Der Hausarzt von Frau Millbach war nicht zu erreichen, der Leichnam wurde auf Anordnung der Polizei der Rechtsmedizin überstellt.

Die Polizisten hatten nun die traurige Aufgabe, dem einzigen noch lebenden Verwandten Johanna Millbachs die Todesnachricht zu überbringen. Sie ließen sich von Frau Lesch die Anschrift des Enkels geben und standen 2 Stunden später Mark-André Millbach gegenüber. Der junge Mann schien noch sehr verkatert. Er gab an, die ganze letzte Nacht mit Freunden gefeiert zu haben. Die leeren Flaschen in seinem Wohnzimmer und der schale Geruch nach abgestandenem Rauch und Alkoholdünsten hing wie zur Bestätigung noch in der Luft.

Auf die Todesnachricht reagierte Mark-André völlig fassungslos. Er brach in Tränen aus. Sie sei seine einzige Verwandte gewesen, sie habe ihn sozusagen aufgezogen, da seine Eltern sehr früh bei einem Verkehrsunfall ums Leben gekommen waren.

Sie habe wie eine Mutter für ihn gesorgt und er habe immer ein sehr enges Verhältnis zu seiner Großmutter gehabt.

Der Fall schien erledigt.

Drei Tage später erhielt Kriminalkommissarin Melanie Andresen den Anruf eines Rechtsmediziners. Er wolle mit ihr über den Todesfall Johanna Millbach sprechen. Nach der Sektion könne er mit Bestimmtheit sagen, dass Johanna Millbach nicht eines natürlichen Todes gestorben sei. Sie war erstickt worden.

Er führte seine Aussage weiter aus: Eine Erstickung erfolgt immer dann, wenn die Sauerstoffversorgung im Blut unterbrochen wird; genau genommen liegt das im Falle jedes Todes vor.

Ein sicheres Zeichen für Ersticken liegt dann vor, wenn die Haut sich bläulich verfärbt – so wie im Fall Johanna Millbach.

Der Mediziner ging aufgrund seiner Untersuchungsergebnisse davon aus, dass der Erstickungstod der Frau durch mechanische Einwirkung erfolgt war. Unter mechanischer Einwirkung versteht man, dass dem Opfer Mund und Nase entweder zugehalten und verstopft werden.

Der Gerichtsmediziner vermutete, dass man der Frau ein Kissen auf das Gesicht gedrückt hatte. Außerdem waren Spuren eines starken Schlafmittels in ihrem Blut gefunden worden. Sie hatte sich also möglicherweise gar nicht wehren können. Anscheinend hatte der Mörder ganz sicher gehen wollen.

An den Oberarmen der Frau hatte der Rechtsmediziner Hämatome gefunden. Außerdem wies sie mehrere Rippenbrüche auf. Daher war anzunehmen, dass der Mörder auf ihr gesessen und ihr mit den Knien die Arme hinuntergedrückt hatte.

Sie hätte sich also, selbst wenn sie wach gewesen wäre, nicht wehren können. Johanna Millbach war alt und krank. Sie hatte nicht die geringste Chance.

Melanie Andresen las nach diesem Telefonat noch einmal die Berichte der vor Ort tätig gewordenen Beamten. Sie hatten nichts darüber geschrieben, dass es möglicherweise einen Einbruch gegeben hatte. In dem Bericht fand sie aber einen Hinweis auf die Haushälterin und suchte sie auf. Maria Lesch war entsetzt, als sie hörte, was mit ihrer Arbeitgeberin passiert war. Sie gab an, seit rund zehn Jahren die Haushälterin von Johanna Millbach gewesen zu sein.

Frau Lesch kam gewöhnlich morgens gegen 9.00 Uhr ins Haus und verrichtete die Hausarbeit. Sie erledigte dann die Besorgungen und fuhr die alte Dame auch zum Arzt. Maria Lesch kochte für ihre Chefin, und bevor sie gegen 16.30 Uhr das Haus verließ, stellte sie ein leichtes Abendessen in den Kühlschrank.

Als sie am Morgen des 8. September das Haus betrat, war alles wie gewöhnlich gewesen. Das Geschirr des Abendessens stand in der Spüle, ansonsten war alles so, wie sie es einen Tag zuvor verlassen hatte. Ein Einbruch hatte nicht stattgefunden, nichts schien durchwühlt. Ob allerdings etwas fehlt, das konnte sie nicht sagen.

Sie bestätigte Melanie Andresen, dass der Enkel, Mark-André Millbach, der einzige lebende Verwandte sei und somit der Alleinerbe eines nicht ganz unerheblichen Vermögens.

Bei diesem Thema stellte die Ermittlerin Andresen ein leichtes Zögern bei Maria Lesch fest. Es schien, als wüsste sie mehr, als sie zu sagen bereit war.

Erst nach längeren Nachhaken durch die Polizistin begann Frau Lesch zu sprechen. Der Enkel, mittlerweile fast dreißig Jahre alt, wohnte erst seit etwa sechs Monaten nicht mehr im Haus seiner Großmutter. Es hatte einen großen Krach gegeben. In dessen Folge warf Frau Millbach ihren Enkel hinaus. Sie hatte ihrer Haushälterin gegenüber geäußert, dass er, genau wie sein Vater, ein *fauler Hund* sei. Sie sei nicht bereit, ihm mehr als unbedingt nötig zu helfen.

Sie richtete ihm eine Wohnung ein und überließ ihn sich selbst. Die monatlichen Schecks, die vorher so reichlich eingegangen waren, blieben nun aus. Johanna Millbach überlegte ernsthaft, ihren Enkel aus dem Testament zu streichen und alles einer wohltätigen Organisation zu hinterlassen. Allerdings habe sie ihren Letzten Willen noch nicht geändert, der Termin beim Notar sei erst auf die kommende Woche festgesetzt gewesen.

Melanie Andresen plante, sich das Haus der Verstorbenen noch einmal genauer anzusehen und fragte Maria Lesch, ob sie sie begleiten würde.

Als sie in der Villa in dem noblen Vorort Hamburgs ankamen, erklärte Maria Lesch so genau wie möglich, wie sie das Haus an dem besagten Morgen vorgefunden hatte.

Die Hauseingangstür sei zwar *geschlossen* aber nicht *abgeschlossen* gewesen. Das sei ihr zunächst merkwürdig vorgekommen, denn Frau Millbach hatte es immer so gehandhabt, dass sie ihre Angestellte abends hinausließ und abschloss. Wenn Maria Lesch am nächsten Tag kam, musste sie erst mit ihrem eigenen Schlüssel aufschließen.

Am Morgen des 8. September war die Tür jedoch nur ins Schloss gezogen worden. Im Haus selbst sei alles unverändert gewesen.

Wie jeden Morgen war Maria Lesch durch das Erdgeschoss gegangen und hatte alle Fenster geöffnet. Erst dann ging sie in den ersten Stock, um ihre Chefin zu wecken.

Melanie Andresen fragte nach dem Schlafmittel. Die Haushälterin erzählte, dass Frau Millbach schon seit Jahren ohne Schlafmittel nicht mehr schlafen konnte. Sie nahm es abends gegen 21.00 Uhr ein und schlief dann durch, bis sie von ihrer Angestellten geweckt wurde.

Auf Nachfrage gab sie ferner an, dass sie das Schlafzimmer bisher nicht verändert habe, da sie vom neuen Eigentümer des Hauses, dem Erben Mark-André Millbach, bisher keine Anweisungen erhalten habe, wie sie weiter verfahren solle.

Somit, das war Melanie Andresen klar, waren mögliche Spuren eventuell noch vorhanden. Sie rief die Spurensicherung.

Ein Woche später telefonierte Melanie Andresen mit dem Leiter der Spurensicherung. An einem der Zierkissen, die auf dem Sessel neben dem Bett gelegen hatten, waren die Experten auf Speichelspuren der Verstorbenen gestoßen. Mit hoher Wahrscheinlichkeit war dieses Kissen also die Tatwaffe.

Für Melanie Andresen eine interessante Entdeckung: Der Täter hatte nicht, wie sonst in solchen Fällen üblich, das Kopfkissen benutzt, sondern ein anderes Kissen, das er nach dem Mord wieder an Ort und Stelle gelegt hatte – wahrscheinlich, um den Mord zu vertuschen und das Ganze wie einen natürlichen Tod aussehen zu lassen.

Melanie Andresen begann erste Hypothesen zu entwickeln.

Es musste auf jeden Fall jemand sein, der Zugang zum Haus hatte und wusste, dass die alte Dame abends allein war. Er wollte außerdem nicht, dass es nach Mord aussah, und er musste ein Interesse am Tod von Johanna Millbach haben. All diese Punkte trafen nur auf eine einzige Person zu: Mark-André Millbach, den Enkel.

Als Melanie Andresen den Enkel aufsuchte, fand sie einen noch immer, wie es schien, tief traurigen jungen Mann vor.

Sie sagte ihm nur, dass sie noch einige Fragen zum Tod seiner Großmutter habe, ihren Verdacht teilte sie ihm nicht mit. Sie erklärte ihm, dass es in solchen Fällen üblich sei, die Angehörigen nach ihrem Aufenthaltsort zur vermutlichen Todeszeit zu befragen, um mögliches Fremdverschulden auf jeden Fall ausschließen zu können.

Mark-André war außerordentlich verständnisvoll und gab bereitwillig Auskunft.

Er habe in seiner Wohnung eine Party gegeben, die bis morgens 5.00 Uhr andauerte. Er habe einen mörderischen Kater gehabt und zuerst überhaupt nicht gewusst, was die Polizisten von ihm wollten. Als sie es ihm mitteilten, sei er völlig geschockt gewesen und habe sich schreckliche Vorwürfe gemacht. Melanie Andresen hakte sofort nach. Warum Vorwürfe?

Nun, wenn er nicht bei seiner Großmutter ausgezogen wäre, hätte er vielleicht mitbekommen, dass es ihr schlecht gegangen war und er hätte ihr helfen können.

Warum er ausgezogen sei? Weil er auf eigenen Füßen stehen wollte. Er habe so lange mit seinem Auszug gezögert, weil seine Großmutter nicht die Gesündeste gewesen sei, er habe sie nicht allein lassen wollen.

Melanie Andresen war alarmiert. Das war eine ganz andere Version, als Maria Lesch sie erzählt hatte. Sie fragte daher weiter.

Wovon lebte der Enkel eigentlich? Er habe ein wenig eigenes Geld und davon könne er noch so lange leben, bis sein Studium beendet sei.

Die Ermittlerin Andresen spürte, dass sie so nicht weiterkommen würde und ging zum Angriff über. Sie fragte ihn, ob irgendeiner seiner Bekannten gewusst habe, wie wohlhabend seine Großmutter gewesen sei. Mark-André war irritiert. Andresen erklärte ihm, dass im Falle seiner Großmutter ein Fremdverschulden nicht auszuschließen sei.

Damit verzerrte sie die Wahrheit zwar ein wenig, aber sie hoffte, dass Mark-André, wenn er schuldig war, vielleicht einen Fehler machte. Mark-André schien beruhigt. Alle hätten es gewusst, aber niemandem traute er so etwas zu.

Melanie Andresen bat ihn um eine Liste aller, die auf seiner Party gewesen waren. Es war ein gewagter Schachzug, aber sie musste es riskieren. Auf seine nervösen Fragen antwortete sie ihm, dass es vielleicht möglich sei, dass sich einer seiner Gäste auf der Party den Schlüssel zu dem Haus seiner Großmutter genommen habe, um sie zu töten und ihr Geld zu stehlen.

Sie spann den Faden weiter. Er sei vielleicht überrascht worden und habe dann die alte Frau getötet, obwohl er das nicht vorgehabt hatte.

Sie konnte es nicht glauben, aber Mark-André schluckte diese Begründung und schien sogar hoch erfreut, ihr helfen zu können. Er diktierte eine Liste seiner Gäste.

Andresen und ihre Kollegen verbrachten die nächsten Tage damit, die Angaben der Partygäste zu überprüfen. Laut Gästeliste musste es sich um rund 50 Leute gehandelt haben. Die meisten konnten sich nicht erinnern, den Gastgeber die ganze Zeit gesehen zu haben. Es sei sehr voll gewesen in dessen Wohnung, und außerdem waren die meisten recht früh betrunken. Einige behauptet sogar, einen *Filmriss* gehabt zu haben.

Es war den Ermittlern daher nicht möglich festzustellen, ob und wann Mark-André oder einer seiner Gäste die Party verlassen hatte.

Sie befanden sich in einer Sackgasse.

Andresen beschloss, die Spurensicherung in dem Schlafzimmer der alten Dame erneut nach Spuren suchen zu lassen. Sie machte sich zwar keine großen Hoffnungen auf Erfolge, nur fiel ihr sonst nichts mehr ein.

Die Befragung der Nachbarn Johanna Millbachs hatte bisher nichts erbracht. Die Häuser standen in diesem Viertel recht weit voneinander entfernt und waren durch große Büsche und Zäune getrennt. Niemand hatte in der betreffenden Nacht etwas bemerkt.

Sie griff also nach einem Strohhalm.

Die Auswertung der Spuren brachte nichts Außergewöhnliches.

In dem Schlafzimmer fanden sich nur so genannte berechtigte Spuren, nämlich die von Maria Lesch, Johanna Millbach und von Mark-André, der seine Großmutter trotz des Zerwürfnisses nach wie vor regelmäßig besucht hatte. Laut Maria Leschs Angaben sei es bei fast jedem Besuch zu Streitigkeiten gekommen, und fast immer sei es dabei um das Thema Geld gegangen.

Erst der Leiter der Spurensicherung hatte die rettenden Idee.

Er beschloss, das Kissen, mit dem Johanna Millbach erstickt worden war, nach Fingerspuren zu untersuchen.

Der Kissenbezug war trocken und somit geeignet für eine Behandlung mit radioaktivem Joddampf. Er verschloss den gesamten Kissenbezug in einem Behälter, in dem eine Luftfeuchtigkeit von unter 50 Prozent herrschte, und pumpte radioaktiven Joddampf hinein. Er setzte also die Technik der *Audioradiographie* ein.

Nach dieser Behandlung wird der Stoff auf einen Film gepresst. Dabei zerfällt das radioaktive Material und hinterlässt auf dem Film ein Bild. Die Fingerspur auf dem Stoff wird fotografiert.

Sie hatten Glück: Auf dem Kissenbezug fand sich nicht nur ein Fingerabdruck, sondern sogar die Abdrücke zweier Hände.

Andresen nahm noch am selben Tag Mark-André Millbachs Fingerabdrücke. Sie waren mit denen auf dem Kissen identisch.

Angesichts solch einer erdrückenden Beweislast legte Mark-André ein Geständnis ab.

Er gab nun zu, nicht aus freien Stücken aus dem Haus seiner Großmutter ausgezogen zu sein. Sie hatte ihn tatsächlich hinausgeworfen. Er hatte Spielschulden, sie war nicht mehr bereit, dafür aufzukommen.

Johanna Millbach mag gehofft haben, dass ihr Enkel sich, erst einmal auf eigene Füße gestellt, eines Besseren besinnen mochte, jedoch wurden ihre Hoffnungen schwer enttäuscht.

Er häufte immer größere Schulden an und bettelte seine Großmutter um immer höhere Beträge an. Sie drehte ihm den Geldhahn endgültig zu, so dass er hätte anfangen müssen, Geld zu verdienen. Sein Studium vernachlässigte er schon zu lange. Es war nicht abzusehen, ob er es jemals würde beenden können.

Als Johanna Millbach ihrem Enkel dann noch mitteilte, dass sie gedenke, ihr Testament zu ändern, drehte er durch. Er organisierte in seiner Wohnung eine Party, um sich ein Alibi zu verschaffen. Während alle seine Gäste frühzeitig betrunken waren, blieb er nüchtern, um gegen Mitternacht heimlich die Party zu verlassen. Er fuhr mit seinem Auto in die Nähe des Hauses seiner Großmutter und stellte es zwei Straßen entfernt ab.

Mit seinem eigenen Schlüssel betrat er das Haus und ging in das Schlafzimmer. Da er wusste, dass Johanna Millbach jeden Abend starke Schlafmittel zu sich nahm, konnte er sicher sein, dass sie nicht erwachte.

Er nahm sich ein Kissen von einem Sessel, setzte sich rittlings auf den zerbrechlichen Körper der alten Frau und drückte ihr das Kissen ins Gesicht. Ihre Gegenwehr war erwartungsgemäß schwach. Nach einigen Minuten rührte sie sich nicht mehr.

Er legte das Kissen zurück auf seinen Platz und verließ das Haus.

Dabei vergaß er *in der Aufregung*, wie er sagte, abzuschließen und zog die Tür nur ins Schloss.

Er kehrte zu der Party zurück, die noch in vollem Gange war und betrank sich. Die ganze Aktion hatte nicht länger als eine dreiviertel Stunde gedauert.

Er war zwar der Meinung, das perfekte Verbrechen begangen zu haben, indem er den Mord an seiner Großmutter als natürlichen Tod inszeniert hatte, wollte allerdings trotz allem ein Alibi nachweisen können.

Mark-André zog sein Geständnis wieder zurück und behauptete später, sich an nichts erinnern zu können.

Ein vom Gericht bestellter Gutachter erklärte ihn für zurechnungsfähig und attestierte ihm auch eine unbeschreibliche Gefühlskälte.

Er wurde zu lebenslanger Haft verurteilt.

7. Kapitel

Fasern und Fasergemische
Spurensuche mit dem Mikroskop

Nicht nur die obligatorische Lippenstiftspur auf dem Hemdkragen des Ehemannes gibt Auskunft darüber, wo er die Nacht verbracht hat, nein, wenn wir ein Mikroskop zur Hand hätten, könnten wir sogar sagen, aus welchem Fasergemisch der Pullover seiner Geliebten besteht.

Ähnlich wie der Lippenstift am Hemdkragen Spuren hinterlässt, gehen beim Gebrauch von Textilien Fasern verloren.

Immer wenn Textilien miteinander Kontakt haben, ist das kriminalistisch relevant, insbesondere bei Vergewaltigungen und Tötungsdelikten. Natürlich spielen auch hier äußere Umstände eine Rolle, wie etwa die Intensität des Kontaktes sowie die Beschaffenheit der Textilien, beziehungsweise der Spurenträger.

Von hoher Beweiskraft sind die so genannten Spurenüberkreuzungen. Das sind Spuren, bei denen die Fasern einer Textilie auf einer anderen Textilie festgestellt werden.

Einfach ausgedrückt, um bei unserem Beispiel zu bleiben: Wenn man eine giftgrüne Wollfaser auf dem Pullover des Ehemannes findet, obwohl man selbst gar keine Textilie mit dieser Faser besitzt, kann sie im Zweifelsfall nur der Geliebten gehören.

Kriminalistisch gesehen, ist es wichtig festzustellen, aus welchem Faserstoff diese Spur besteht, um zu ermitteln, wie weit dieser Stoff verbreitet ist. Stoffe unterliegen den momentanen Modetrends. So hat heute kein Mann mehr, das bleibt zumindest zu hoffen, Nyltesthemden.

Je verbreiteter ein Stoff, desto schwieriger ist seine Zuordnung, es sei denn, man verfügt über eindeutige Vergleichsspuren.

Hat man eine Spur gesichert, die mit einer anderen Spur verglichen werden soll, wird eine vergleichende Analyse mittels eines Mikroskops durchgeführt. Eine so genannte *Mikrospektralfotometrie* macht eine Fasereinfärbung sichtbar, die mit dem menschlichen Auge allein nicht zu erfassen wäre – die Lichtdurchlässigkeit der Faser wird im Ultraviolett bis in den Infrarotbereich gemessen.

Fahrer-wechsel-dich

Jedes Jahr Ende November, Anfang Dezember führt die Polizei vermehrt so genannte *Standkontrollen* durch. Mit einem relativ großen Polizeiaufgebot werden einzelne Fahrstreifen gesperrt, Autofahrer angehalten und kontrolliert. Gerade in der Adventszeit ist die Chance sehr hoch, einen betrunkenen Autofahrer zu erwischen, der von einer feuchtfröhlichen Weihnachtsfeier kommt.

Diese Art der Kontrollen gehen folgendermaßen vonstatten: Ein mit reflektierender Weste, einem Blinkgürtel und einer beleuchteten Anhaltekelle ausgerüsteter Polizist stoppt ein Fahrzeug. Es handelt sich um den so genannten Anhalteposten. In einem geparkten Polizeibus werden die Papiere des angehaltenen Fahrzeugführers dann überprüft. In einem etwas abseits stehenden Fahrzeug sollen eigentlich zwei weitere Beamte sitzen, um im Ernstfall einen flüchtenden Autofahrer verfolgen und stellen zu können.

Allerdings kommt das sehr selten vor, und da es langweilig ist, die ganze Zeit in einem Fahrzeug zu hocken, ohne etwas zu tun zu haben, sitzen die Beamten nicht immer im Auto, sondern beteiligen sich zusätzlich aktiv an der Fahrzeugkontrolle.

So auch Ende November 1986. Es war ein normaler Wintertag mitten in Hamburg. Der Wind war schneidend kalt, es regnete ununterbrochen. Der Schnee ließ auch dieses Jahr wieder auf sich warten.

Die Zeiger der Uhr rückte langsam aber sicher auf 1.00 Uhr nachts zu, und der Einsatzführer überlegte bereits laut, ob er die Kontrolle einstellen sollte, da sich außer Taxen und Polizeifahrzeugen kaum noch jemand auf der Straße blicken ließ, als sich aus Richtung Innenstadt ein Scheinwerferpaar näherte.

Man kam überein, dieses Fahrzeug noch zu überprüfen und danach den wohlverdienten Feierabend einzuläuten. Die Beamten waren müde und durchgefroren.

Der Anhalteposten schwenkte seine Kelle und näherte sich langsam dem Fahrstreifen, in dem das Fahrzeug fuhr. Zunächst sah alles gut aus. Der Fahrzeugführer bremste ab und kam langsam näher. Etwa 3 bis 4 Meter vor dem Anhalteposten jedoch heulte plötzlich der Motor auf. Der Fahrer gab Gas und hielt direkt auf den jungen Beamten zu, der zwar versuchte, sich mit einem Sprung zur Seite zu retten, der aber trotz allem noch von dem Wagen gestreift, zur Seite geschleudert wurde und schwer verletzt am Boden liegen blieb.

Seine beiden Kollegen, Polizeiobermeister Thomas Handke und Polizeimeisterin Eva Malinowski, die sich eigentlich im Verfolgerfahrzeug befinden sollten, standen ein wenig abseits. Nach einer Schrecksekunde reagierten sie geistesgegenwärtig. Sie sprangen in das bereitstehende Dienstfahrzeug und nahmen die Verfolgung auf. Thomas Handke saß am Steuer. Von dem flüchtenden Fahrzeug waren nur noch die Rückscheinwerfer zu sehen.

Sie konnten erkennen, dass das Fahrzeug an der nächsten großen Kreuzung nach links abbog und dabei auf der regennassen Fahrbahn ins Schleudern geriet. Die Verfolgung drohte außer Kontrolle zu geraten. Als die Beamten das Fahrzeug einholten, sahen sie, dass der Fahrer über eine Verkehrsinsel gerast war und dabei ein paar niedrige Verkehrsschilder mit sich gerissen hatte. Der Wagen stand nun quer auf der Gegenfahrbahn.

Als der Streifenwagen hinter dem Unfallort zu stehen kam, glaubte Polizeimeisterin Malinowksi zu sehen, wie Fahrer und Beifahrer die Sitzplätze tauschten.

Die Beamten stiegen aus und gingen auf den Wagen zu. Sie forderten die beiden Insassen auf, das Fahrzeug zu verlassen. Der Fahrer konnte auf Nachfrage nur seinen Personalausweis vorzeigen. Demnach handelte es sich um Wilfried Jensen. Er gab an, keinen Führerschein zu haben. Bei dem angeblichen Beifahrer handelte es sich um Martin Soest. Er war auch der Halter des Fahrzeugs. Beide rochen stark nach Alkohol. Ein noch vor Ort durchgeführter Alkoholtest ergab für Jensen einen Wert von 2,01 Promille und für Soest 1.87 Promille.

Soest hatte einen Führerschein, erklärte aber treuherzig, dass er aufgrund seines Alkoholkonsums nicht gefahren sei und daher seinem Freund Wilfried Jensen das Steuer überlassen habe. Dass dieser auch betrunken war, wollte er nicht gewusst haben.

Malinowski fragte die beiden, warum sie die Plätze getauscht hätten. Jensen und auch Soest stritten dies vehement ab. Sie blieben dabei: Jensen sei der Fahrer, Soest der Beifahrer gewesen.

Das Fahrzeug wurde sichergestellt. Schließlich handelte es sich nicht nur um Fahren ohne Fahrerlaubnis, Trunkenheit am Steuer und Straßenverkehrsgefährdung, mit dem Fahrzeug wurde sogar absichtlich ein Unfall verursacht – somit kamen noch die Tatbestände der gefährlichen Körperverletzung und Verkehrsunfallflucht hinzu.

Am nächsten Tag erhielt der Ermittler für Verkehrsstrafsachen Sigmar Lenssen den Vorgang auf den Tisch. Für ihn war Soest kein unbeschriebenes Blatt.

Soest war ein Trinker und hatte seinen Führerschein bereits einmal verloren. Ein weiteres Mal wäre ihm die Fahrerlaubnis für mindestens ein Jahr entzogen worden, gleichzeitig hätte er sich einem psychologischen Test unterziehen und noch einmal eine Führerscheinprüfung ablegen müssen. Zu dem zeitlichen Faktor kamen also auch finanzielle Gründe, eine Täterschaft abzustreiten.

Andererseits waren die Sichtverhältnisse in der betreffenden Nacht sehr schlecht gewesen. Es war dunkel gewesen und hatte stark geregnet. Außerdem hatten die beiden Beamten durch die Verfolgungsfahrt unter großer Anspannung gestanden. Es wäre also durchaus möglich, dass sich die Beamtin geirrt hatte.

Lenssen sprach noch einmal mit den beiden Kollegen. Malinowski beharrte darauf, dass sie trotz eingeschalteter Scheibenwischer, Dunkelheit und starken Regens gesehen hatte, wie die beiden Männer im Wagen die Plätze tauschten. Auch Handke gab an, diesen Vorgang beobachtet zu haben.

Allerdings bestritten Soest und Jensen bei einer Vernehmung, bei der auch ihre Anwälte anwesend waren, weiterhin das Täuschungsmanöver. Soests Rechtsbeistand drohte sogar mit rechtlichen Schritten gegen Malinowski, falls sie seinen Mandanten weiterhin beschuldige.

Lenssen nahm die beiden Polizisten erneut ins Verhör und machte ihnen klar, welche Folgen eine Falschaussage vor Gericht hätte. Im schlimmsten Falle drohe eine Freiheitsstrafe. Handke knickte ein und erklärte, sich nicht mehr genau erinnern zu können. Er zog seine Aussage zurück.

Malinowski blieb stur. Sie war sich nach wie vor sicher und blieb bei ihren zuvor gemachten Angaben.

Lenssen befand sich in einer Zwickmühle: Einerseits glaubte er seiner Kollegin, andererseits stand ihre Aussage gegen zwei Aussagen. Er wusste, dass er kaum eine Chance hatte, Malinowkis Angaben zu beweisen.

Ein Gespräch mit seinem Vorgesetzten brachte ihn auf eine Idee. Er fragte Malinowski und Handke, welche Kleidung die beiden Männer in der besagten Nacht angehabt hätten. Handke glaubte sich zu erinnern, dass der vermeintliche Fahrer eine Bomberjacke mit Kunstfellbesatz getragen hatte.

Malinowski war sich sicher, dass Soest, der angebliche Beifahrer, über einem dicken Pullover eine an den abgeschnittenen Ärmeln ausgefranste Jeansweste getragen hatte.

Daraufhin ließ Lenssen den sichergestellten Wagen von der Spurensicherung überprüfen.

Die Beamten der Spurensicherung konzentrierten sich bei ihrer Arbeit auf die Rückenlehnen der Vordersitze und nahmen mit kleinen Klebestreifen Proben. Auf dem Beifahrersitz fanden die Wissenschaftler mehrere zweifarbige Haare, die zunächst wie Katzenhaare aussahen, dazu aber zu weich waren.

Unter dem Mikroskop stellte sich heraus, dass es sich um eingefärbte Kunstfasern handelte.

> Doch nicht nur Textilfasern oder ein Schuhabdruck selbst – wie wir im 4. Kapitel gesehen haben – geben uns wertvolle Hinweise darauf, ob jemand am Tatort war oder nicht und somit als Täter in Frage kommt. Auch eventuell vorhandene Glasstücke und Farbproben (z. B. von Lacken) und vieles andere mehr trägt zum so genannten *Materialbeweis* bei. Beim Materialbeweis werden alle Stoffe untersucht, die sichergestellt wurden.
> Daneben werden auch weitere Spuren aus der Umgebung gesammelt. Vor allem Dreck- oder Staubspuren sind sehr aufschlussreich. So ist die Zusammensetzungen des Staubes in jedem Raum einer Wohnung unterschiedlich und in keiner Wohnung ist der gleiche Staub zu finden. Am Tatort hinterlassene Dreck- und Staubspuren können so Auskunft über die Angewohnheiten und Hobbys eines Täters geben. Pflanzliche Stoffe wie Samen und Pollen lassen nicht nur Rückschlüsse auf die Herkunft der Probe zu, sondern ermöglichen oft auch eine genaue zeitliche Bestimmung, da sich die meisten Pflanzen je nach Jahreszeit in einem bestimmten Vegetationsstadium befinden und nur dann Pollen oder Samen bilden.

Auf der Lehne des Fahrersitzes fanden sie ausgebleichte Fasern, die eindeutig aus einem Baumwollgemisch, wahrscheinlich einem Jeansstoff, bestanden.

Lenssen war klar, dass die beiden Männer die Kleidung nicht freiwillig herausgeben würden, und besorgte sich einen Durchsuchungsbeschluss.

Gemeinsam mit mehreren Beamten durchsuchte er zeitgleich die Wohnungen der beiden Männer. Nach kurzer Zeit fanden sie die Kleidung, auf die Beschreibung der Beamten passte.

Lenssen übergab die Jeansweste und die Bomberjacke der Spurensicherung. Im Fall von Jensens Bomberjacke konnte die auf dem Sitz gefundene Kunstfaser eindeutig dem Kunstpelzkragen zugeordnet werden. Mit Hilfe der Mikrospektralfotometrie ergab sich eine Übereinstimmung in der Einfärbung der Fasern. Im Falle der Jeansweste von Soest reichte das Mikroskop. Er war in der besagten Nacht der Fahrer gewesen.

Vor Gericht legte Soest ein Geständnis ab. Aus beruflichen Gründen, er war Kraftfahrer, sei er auf den Führerschein angewiesen. Daher habe er bei der drohenden Verkehrskontrolle einen Beamten angefahren, in der Hoffnung, nicht erwischt zu werden. Als er dann jedoch verfolgt wurde, habe er bei der nächsten sich bietenden Gelegenheit mit seinem Freund den Platz getauscht, denn schließlich, so seine Argumentation, habe der keinen Führerschein gehabt, den man ihm hätte abnehmen können.

Soest wurde zu einem Jahr und drei Monaten, Jensen zu sechs Monaten auf Bewährung verurteilt.

Soest hat seinen Führerschein verloren.

Der Richter bezweifelte, dass er ihn jemals wieder bekommen würde.

8. Kapitel

Maden, Fliegen und Insekten
Ein Ausflug in die forensische Entomologie

Während meiner Recherchen zu diesem Thema stieß ich im Internet auf eine sehr trockene und äußerst sachliche Beschreibung der *Body Farm* und ihres Begründers. Nämlich:

»*Dr. Bill Bass ist einer der renommiertesten forensischen Anthropologen und der Begründer der* Body Farm, *des weltweit einzigartigen Forschungszentrums zur Untersuchung menschlicher Verfallsprozesse, die der* Tennessee University *angeschlossen ist.*«

Das hört sich im ersten Moment sehr sauber und wissenschaftlich an.

Wissenschaftlich schon, aber sauber …?

Jeder, der schon einmal einen Roman von Patricia Cornwell gelesen hat oder dem der Name Bill Bass bereits ein Begriff ist, weiß, um was es geht.

Alle anderen seien gewarnt.

1981 begannen Dr. Bill Bass und seinen Doktoranden die *Body Farm*, ein 12 000 Quadratmeter großes Waldstück, für ihre Zwecke zu nutzen. Das heißt, in diesem Jar wurde dort die erste Leiche abgelegt.

> Insekten sind der erfolgreichste Stamm des Tierreiches: Wissenschaftler haben bisher insgesamt über 90 000 Arten beschrieben, gehen aber von rund zwei oder drei Millionen bis gar 100 Millionen Arten weltweit aus.
> In Europa kennt man rund 200 000 wirbellose Tierarten. Wie viele Insektenarten es in Deutschland gibt, weiß man nicht genau. Zoologen vermuten, dass es sich um etwa 30 000 Spezies handelt. Allein in Buchenwäldern kommen etwa 5000 Arten vor.
> Da Insekten ein bestimmtes Verhalten haben, zum Beispiel eine bestimmte Uhrzeit, zu der sie ausfliegen, oder einen bestimmten Fortpflanzungsrhythmus, und da sie jeweils an ihren Lebensraum optimal angepasst sind (eine Biologe unterscheidet leicht in ein Wald, auf einer Wiese oder im Wasser lebendes Insekt), kann der Fund von Insekten in oder an einer Leiche schon etwas über die Tatzeit oder gar den Tatort verraten.

Mittlerweile befinden sich ständig fast 40 Leichen dort, deren Verwesung unter verschiedenen Aspekten beobachtet wird.

Dazu gehören die Veränderung des Körpers unter unterschiedlichsten Bedingungen und Wetterverhältnissen sowie die genaue Analyse des Befalls einer Leiche durch Insekten. Auch Tierfraß, zum Beispiel durch Vögel, wird genauestens protokolliert.

Die meisten »Gäste« der *Body Farm* haben testamentarisch ihren Körper der Wissenschaft vermacht, sind also aus »freien Stücken« dort. Es sind verstümmelte, aber auch unversehrte Leichen, die im Dienste der Wissenschaft stehen.

Seit Bestehen der *Body Farm* haben Erkenntnisse aus dieser Art der Forschung geholfen, Tatumstände näher zu beleuchten oder Tatzeiten genauer einzugrenzen. Nicht zuletzt hat die forensische Entomologie damit einen Schritt nach vorn getan.

Einige von uns haben vielleicht schon mal einen Tierkadaver gesehen, auf dem sich diverse Maden getummelt haben, und sich mit Sicherheit sofort angewidert abgewandt. Wenn die Menschen sich vor etwas ekeln, dann vor Maden und Fliegen. Ich habe jedoch festgestellt, dass viele Dinge ihren Schrecken verlieren, wenn man den Grund für gewissen Umstände kennt – damit will ich aber nicht sagen, dass ich Maden nun liebe.

Nach dem Tod eines Menschen setzt die Verwesung ein, das heißt, der Körper beginnt zu faulen. Wie schnell die Verwesung einsetzt, ist abhängig von Temperatur und Luftfeuchtigkeit. In unserer gemäßigten Klimazone beginnt die Verwesung nach 3 bis 4 Tagen, in den Tropen setzt sie bereits nach wenigen Stunden ein.

Unter extrem kalten Klimabedingungen hingegen wird der Körper möglicherweise konserviert. In der Wüste trocknet er ein, wird also mumifiziert.

Mit Einsetzen der Verwesung wird der tote Körper zunächst von Larven der *Schmeißfliege* besiedelt. Schmeißfliegen sind in der Lage, den Leichengeruch über mehrere hundert Meter wahrzunehmen, und da sie sich von relativ frischem Leichengewebe ernähren, legen sie ihre Eier dort ab, und zwar vornehmlich in Körperöffnungen und offenen Wunden. Das Leichengewebe an den offenen Wunden und um diese herum wird also von den Larven zuerst weggefressen. Man spricht hier von *differenzieller Verwesung*.

In einem warmen Klima, etwa in den Tropen, fressen die Insekten die Leiche sozusagen auf, so dass nach nur rund zwei Wochen lediglich das Skelett übrig bleibt. Damit ist in solchen Fällen die Besiedelung durch Insektenlarven abgeschlossen.

In den gemäßigten Klimazonen dauert der Verwesungsprozess länger.

Nach etwa drei Monaten legen die so genannten *Käsefliegen* ihre Eier ab, und zwar in einem Stadium, in dem der verwesende Körper in einen breiigen Zustand übergeht.

Aber es gibt noch mehr Insekten, die von einer Leiche profitieren, und zwar Aaskäfer und nicht zuletzt – Wespen!

Wespen und Aaskäfer ernähren sich nicht nur von Leichengewebe, sondern auch von den Maden und Fliegen, die sich in Leichen einnisten.

Das tote Baby im Stall

Als die Künstlerin Ann-Katrin Schreiner sich im Jahre 2000 den Resthof vor den Toren Hamburgs kaufte, erfüllte sie sich einen Traum. Da sie das Anwesen günstig erwerben konnte, blieb ihr genug Geld, um auch den alten Stall, der sich neben dem Wohnhaus befand, auszubauen. Sie beabsichtigte, das Dach durch ein Oberlicht zu ersetzen und große Fenster einbauen zu lassen.

Als die Handwerker begannen, die nicht tragenden Wände des alten Gebäudes zu entfernen, machten sie einen grausigen Fund: Sie stießen auf einen kleinen menschlichen Schädel, in dem Wespen nisteten.

Kriminalhauptkommissarin Lisa Mannhardt ließ von ihren Leuten den Stall sichern, während die Spurensicherung ihre Arbeit aufnahm. Spuren, die es vielleicht hier einmal gegeben hatte, waren natürlich nicht mehr vorhanden. Lisa Mannhardt hatte jedoch einmal gehört, dass sich Wespen von Maden ernähren, die sich wiederum von Leichengewebe ernähren. Sie zog die forensische Entomologin Rita Wagenrad zu Rate.

Rita Wagenrad bestätigte nur zum Teil Lisa Mannhardts Vermutung. Zwar sei es richtig, dass sich Wespen von Maden ernährten, allerdings nisteten sie nur an trockenen Orten. Eine verwesende Leiche wäre für die Raubinsekten kaum ein geeigneter Nistplatz und würde von diesen auch nicht dafür in Betracht gezogen. Da also Wespen trockenen Nistplätze vorzogen, konnte die Leiche nicht mehr in verwesendem Zustand gewesen sein, als die Wespen kamen, sondern musste bereits skelettiert gewesen sein. Das hieß konkret, dass bereits das gesamte Gewebe zerfallen gewesen sein muss.

Allerdings ließ dieser Zustand gewisse Rückschlüsse auf den Zeitpunkt des Todes zu – er musste ungefähr im Sommer 1999 eingetreten sein. Mehr konnte Rita Wagenrad zum gegenwärtigen Zeitpunkt nicht sagen.

Lisa Mannhardt hatte den Tatort noch nicht freigegeben.

Es gab nichts weiter zu tun, als den kleinen Schädel, es konnte sich der Größe nach nur um den eines Kindes handeln, den forensischen Anthropologen zu übergeben.

Gleichzeitig ließ die Kriminalkommissarin nach weiteren Skelettteilen suchen. Die Experten stellten fest, dass die noch fehlenden Knochen im Stall verteilt waren. Wahrscheinlich waren sie von Tieren verschleppt worden, aber schließlich konnten die Kriminalisten das ganze Skelett bergen.

Lisa Mannhardts Verdacht bestätigte sich: Nachdem die Knochen vermessen worden waren, konnten die Anthropologen mit Sicherheit sagen, dass es sich bei der Leiche um ein Kind handelte, genauer gesagt um einen wahrscheinlich nur wenige Tage alten Säugling. Berechnungen zufolge dürfte dieser nicht größer als 52 Zentimeter gewesen sein.

Die Todesursache konnte nicht mehr festgestellt werden, aber anhand der Beschaffenheit der Knochen fanden die Ermittler heraus, dass die kleine Leiche mindestens zwei Jahre hier gelegen haben musste. Demnach kam als Todeszeitpunkt der Sommer 1998 in Frage.

Für Lisa Mannhardt war klar, dass die derzeitige Besitzerin des Hauses, Ann-Katrin Schreiner, für den Tod des Kindes nicht verantwortlich sein konnte. Sie hatte das Anwesen erst vor wenigen Wochen gekauft und kam ursprünglich auch nicht aus der Gegend.

Die Kriminalbeamtin musste sich einen anderen Ansatzpunkt für ihre Ermittlungen suchen. Beim Grundbuchamt erfuhr sie etwas über die vorherigen Besitzer des Hauses. Es handelte sich um eine vierköpfige Familie, die 25 Jahre in dem Haus gelebt hatte.

Lisa Mannhardt stattete der Familie Langbehn einen Besuch ab. Mechthild Langbehn, 50 Jahre alt, und ihr Ehemann Horst, 52 Jahre alt, bewohnten nun ein kleines Reihenhaus in einer Neubausiedlung am Stadtrand. Ihre beiden Söhne, 21 und 23 Jahre alt, waren bereits in eigene Wohnungen umgezogen. Daher hatten sich die Eltern entschlossen, den Resthof zu verkaufen und in einem kleineren Haus zu leben.

Lisa Mannhardt teilte ihnen den Grund ihres Besuches mit. Mechthild Langbehn erklärte, dass sie von einer Leiche in ihrem ehemaligen Stall keine Ahnung habe. Sie selbst sei nur zweimal schwanger gewesen. Ihr Kind sei es also nicht.

Die Polizistin wurde hellhörig. Sie hatte keineswegs Beschuldigungen oder Verdächtigungen vorgebracht. Sie fragte das Ehepaar dann, ob es in dem Dorf jemanden gebe, der in Frage komme. Vielleicht eine junge Frau, die ein Kind erwartet hatte und plötzlich nicht mehr schwanger gewesen sei, ohne allerdings den Verbleib des Kindes erklären zu können.

Beide Langbehns verneinten dies. Ein solcher Vorfall sei ihnen nicht bekannt.

Mannhardt ordnete eine DNA-Analyse bei Familie Langbehn an. Sie wollte sichergehen, dass das tote Kind nicht vielleicht doch von Frau Langbehn zur Welt gebracht und danach getötet worden war. Auch die beiden Söhne mussten eine Blutprobe abgeben.

Nach zwei Tagen stellte sich Erstaunliches heraus: Zwar konnte mit der DNA-Analyse zweifelsfrei festgestellt werden, dass es sich bei dem toten Baby nicht um ein leibliches Kind von Mechthild Langbehn handelte, allerdings musste das Kind mit Horst Langbehn und seinen Söhnen verwandt sein. Und doch schieden alle drei Männer als Väter aus, obwohl zweifelsohne ein Verwandtschaftsverhältnis bestand.

Mannhardt erkundigte sich im Dorf nach der Familie. So erfuhr sie, dass eine Nichte von Horst Langbehn im Sommer 1998 einige Wochen bei ihren Verwandten verbracht hatte. Man konnte sich an das Mädchen nicht mehr genau erinnern, außer vielleicht daran, dass es ein wenig pummelig gewesen sei. Am Ende der Sommerferien sei das Mädchen dann wieder nach Hause gefahren. Keiner der Dorfbewohner wusste allerdings etwas Außergewöhnliches zu berichten. Der Bäcker konnte sich aber noch an den Namen des Mädchens erinnern: Michaela. Sie sei seitdem nie wieder hier gewesen.

Rein zeitlich stimmte der Besuch des Mädchens mit dem überein, was Entomologen und Anthropologen als Todeszeitpunkt annahmen.

Lisa Mannhardt besuchte die Langbehns erneut und konfrontierte sie mit den Aussagen der Dorfbewohner und dem Ergebnis der DNA-Analyse.

Horst Langbehn schien überrascht. Es sei zwar richtig, dass seine Nichte, die Tochter seines Bruders, einige Wochen in den Sommerferien auf dem Hof verbracht habe, aber das Mädchen sei erst 14 Jahre alt und mit Sicherheit nicht schwanger gewesen. Mechthild Langbehn aber schwieg.

Auf Anordnung des Gerichtes wurde eine gynäkologische Untersuchung bei dem nunmehr 16-jährigen Mädchen angeordnet. Dabei stellte sich heraus, dass sie tatsächlich bereits ein Kind geboren hatte.

Unter Tränen erzählte sie der Polizei, was damals im Sommer 1998 tatsächlich passiert war:

Anfang 1998 sei plötzlich ihre Periode ausgeblieben. Zunächst habe sie sich keine Gedanken gemacht, aber als sie immer öfter unter Übelkeit litt, kaufte sie sich einen Schwangerschaftstest. Dieser fiel positiv aus.

Aus Angst vor ihrem Vater verschwieg sie die Schwangerschaft und begründete die Gewichtszunahme mit ihrem übermäßigen Appetit. Den Sommer verbrachte sie dann bei ihrem Onkel und ihrer Tante.

Dort setzten eines Nachts die Wehen ein. Sie schlich in den Stall, um das Kind dort zur Welt zu bringen, und wurde dabei von ihrer Tante überrascht.

Das Kind kam allerdings tot zur Welt. Die Tante schlug ihr vor, das tote Baby verschwinden zu lassen.

Zu diesem Zeitpunkt fanden im Stall Renovierungsarbeiten statt, in deren Verlauf ein Teil des Betonbodens abgetragen wurde. In einem dieser Erdlöcher begruben sie das Kind. Frau Langbehn schlug ihrer Nichte vor, Stillschweigen zu bewahren. Da das Kind ohnehin tot sei, sehe sie keinen Grund, dass ihre Nichte beichtete, zumal sie eine erhebliche Bestrafung seitens ihrer strengen Eltern zu erwarten habe.

Michaela, durch ihre Jugend sowie durch die Schwangerschaft und heimliche Geburt psychisch äußerst labil, willigte ein.

Mechthild Langbehn bestätigte später diese Geschichte.

Ob das Kind bei der Geburt tatsächlich bereits tot war, konnte nicht mehr geklärt werden.

9. Kapitel

Was Einschusswunden verraten
Schuss- und Stichwaffen

Auch wenn meiner Meinung die bestehenden Waffengesetze durchaus ausreichend sind, kursieren dennoch zu viele illegale Waffen – und sie kommen in die Hände von Menschen, die aufgrund ihrer kriminellen Energie eigentlich nicht einmal ein Brotmesser besitzen dürften.

Seit es Schusswaffen gibt, werden diese auch für Straftaten benutzt. Daher ist es nicht verwunderlich, dass die Ballistik, also die Untersuchung und Identifizierung von Schusswaffen und Munition, eine lange Geschichte hat. Die ersten zaghaften Schritte im Bereich der Ballistik wurden bereits Ende des 18. Jahrhunderts gemacht.

Schusswaffen sind, kriminalistisch gesehen, in zweierlei Weise von Bedeutung. Erstens verursachen sie Spuren, sie sind also *Spurenverursacher* und zweitens kann man beispielsweise Fingerspuren an ihnen sichern, sie sind also zudem *Spurenträger*.

So genannte Langwaffen gibt es seit dem 14. Jahrhundert. Zunächst lediglich einschüssig zu bekommen, gibt es sie heute als Automatikwaffen. Interessant ist, dass diese Waffen *Handfeuerwaffen* genannt werden. Die meisten Menschen verbinden mit diesem Begriff eher Pistolen als Gewehre. Tatsächlich rührt der Name daher, dass diese Waffen tragbar sind. Pistolen und Revolver gehören zu der Kategorie Kurzwaffen und werden auch Faustfeuerwaffen genannt.

Pistolen, bei denen sich das Munitionsmagazin im Griff befindet, gibt es seit dem 15. Jahrhundert, Revolver (bei denen sich die Patronen in einer drehbaren Trommel befinden) seit dem 19. Jahrhundert.

Bis auf einige Jagdwaffen, die einen glatten Lauf haben, haben alle anderen Schusswaffen einen *gezogenen* Lauf. Wenn man den Lauf einer Waffe von innen betrachtet, dann sieht man spiralförmige Rillen. Die eingekerbten Teile der Rillen nennt man *Züge*, die erhabenen Teile *Felder*. Sie bewirken, dass das Geschoss in seinem Flug stabil bleibt und die Treffsicherheit maximiert. Die Patrone ist minimal größer als der Lauf, daher erzeugen die *Felder* auf der Patrone sichtbare Spuren. Veränderungen oder Beschädigungen einer Waffe finden sich auf dem Geschoss und dessen Hülse wieder, so dass ein Geschoss einwandfrei einer bestimmten Waffen zugeordnet werden kann. Auch die Fertigungsmaschinen, mit denen Waffen hergestellt werden, weisen nach einiger Zeit Abnutzungserscheinungen auf, die sich an der Waffe und demzufolge auch auf dem Geschoss wiederfinden.

Die Bestimmung der Herkunft eines Geschosses wird mit *Vergleichsmikroskopen* gemacht. Das *Kaliber* ist nichts anderes als der Durchmesser des Laufes zwischen den *Feldern* und wird in *Millimetern*, in den USA mit *Inch* angegeben.

Nicht nur das Kaliber und die Waffe sind bei der Aufklärung einer Straftat entscheidend, sondern auch die Art der Schussverletzung beim Menschen. Der Rechtsmediziner kann genau feststellen, wie der *Schusskanal* aussieht. Der

> Genaue Statistiken, wie viele Schusswaffen sich in Deutschland in Privatbesitz befinden, gibt es nicht. Die Zahl der legal erworbenen, erlaubnispflichtigen Schusswaffen wird generell auf etwa 10 Millionen geschätzt – wobei in dieser Zahl natürlich auch die Waffen erfasst sind, die beispielsweise Sportschützen und Jäger verwenden.
> Schwer schätzbar ist dagegen die Dunkelziffer der Schusswaffen, die illegal eingeführt oder besessen werden. Die Gewerkschaft der Polizei (GdP) geht von 20 Millionen aus!

Schusskanal beschreibt den Eintritt des Geschosses in den Körper und welchen Weg er genommen hat. Durch die Analyse des Schusskanals kann unter Umständen berechnet werden, wie groß der Schütze war und ob das Opfer gestanden oder gekniet hat. Allerdings ist es schon am Tatort möglich, den ungefähren Standort des Schützen zu ermitteln.

Hierfür wird ein Gerät eingesetzt, dass sich *Tachymeter* nennt. Dieses Gerät visiert mit einem Laser die Schussbeschädigungen an und kann so den Winkel und die Richtung des abgegebenen Schusses ermitteln. Um eine bildliche Vorstellung von diesem Gerät zu bekommen, muss man sich nur die letzte Geschwindigkeitskontrolle ins Gedächtnis rufen. Das *Tachymeter* sieht aus wie der von uns allen gefürchtete »Blitzer« an der Straße.

Die Entfernung des Schützen zum Opfer und die Schussrichtung sind nicht immer ganz einfach festzustellen. Zunächst wird die Wunde direkt untersucht.

Wenn aus geringer Entfernung geschossen wurde, befinden sich verbrannte und unverbrannte Pulverrückstände auf Haut und Kleidung. Bei einem aufgesetzten Schuss finden sich derlei Spuren nicht, allerdings entsteht eine *Stanzmarke*. Sie ist nichts anderes als der Abdruck des Laufs der Waffe auf der Haut. Eintritts- und Austrittswunden können bei der Feststellung des benutzten Kalibers irreführend sein.

Wenn ein Schuss aus nächster Nähe abgegeben wird, kann es durchaus sein, dass er nur eine kleine Eintrittswunde verursacht, ungeachtet des Kalibers.

Wenn aus einer größeren Entfernung geschossen wird, ist es möglich, dass die Wunde groß und ausgefranst ist. Irgendwann im Laufe des Fluges kommt das Geschoss ins Trudeln und reißt daher beim Einschlag größere Wunden.

Beim Austritt des Geschosses, sollte es vorher nicht im Körper stecken bleiben, verhält es sich ganz ähnlich. Die Kugel beschädigt auf ihrem Weg möglicherweise Knochen und auf jeden Fall Gewebe. Wenn sie dabei zersplittert und Knochen und Gewebeteile mit sich nimmt, dann wird auf diese Weise förmlich ein Loch nach außen gerissen.

Wie kann man nun aber feststellen, ob jemand eine Waffe abgefeuert hat?

Viele Fernsehzuschauer kennen den so genannten *Paraffintest*. Um ein Geschoss aus einem Lauf zu treiben, werden Explosivstoffe benutzt. Hier handelt es sich im Wesentlichen um Kohlen- und Wasserstoffe. Diese Stoffe hinterlassen Rückstände auf der Hand des Schützen.

Um die Rückstände nachweisen zu können (sie sind wirklich penetrant und setzen sich auch in den Hautfalten fest), wird Paraffin geschmolzen und die Hand des vermeintlichen Schützen damit übergossen. Hat sich das Paraffin verfestigt, lässt es sich wie ein Handschuh abstreifen. Die Rückstände, auch *Schmauchspuren* genannt, bleiben an diesem »Handschuh« haften.

Heute werden allerdings Klebestreifen benutzt, die Schmauchspuren sowohl von Haut und Kleidern als auch von anderen Stoffen aufnehmen können.

Hört man den Begriff *Stichwaffen*, denkt man zuerst an Messer. Das ist zwar korrekt, allerdings kann man noch mit ganz anderen Dingen zustechen – so können eine Schere, ein Schraubenzieher, ein Brieföffner, eine Gabel etc. ebenfalls zur Stichwaffe werden.

All diese Werkzeuge hinterlassen charakteristische Wunden, so dass ein Rechtsmediziner anhand der Wunde sehr schnell erkennen kann, um welche Art von Waffe es sich wahrscheinlich handelt. Ein Schraubenzieher hinterlässt beispielsweise eine spaltförmige Wunde.

Oft stellt sich beim Auffinden einer Leiche die Frage, ob es sich um Fremdverschulden oder um eine Selbsttötung handelt. Es ist natürlich klar, dass, wenn ein Opfer ein Messer im Rücken hat, es sich diese Verletzung unmöglich selbst beigebracht haben kann.

Aber in anderen Fällen ist der Rechtsmediziner gefragt. Wenn das Opfer mehrere Stiche aufweist und der Stichkanal bei jeder Wunde anders verläuft, spricht das eher dafür, dass die Wunden durch eine andere Person beigebracht wurden. Wenn Knochen durchstoßen werden, kann man häufig ebenfalls davon ausgehen, dass dies nicht vom Opfer selbst durchgeführt wurde, denn es ist kaum davon auszugehen, dass ein Selbstmörder die Kraft hat, sein eigenes Brustbein zu durchstoßen.

Wenn allerdings mehrere, nicht allzu tiefe Stiche auf einer relativ kleinen Fläche zu finden sind, sieht das schon eher nach Selbsttötung aus.

Auch muss man in Betracht ziehen, ob das Opfer Links- oder Rechtshänder ist. Bei einem Selbstmörder, der Linkshänder ist, werden sich die selbst zugefügten Wunden auf einer kleinen Fläche auf der rechten Seite des Körpers finden lassen.

Auch hier lässt sich gut erkennen: Nichts ist auf den ersten Blick eindeutig.

Tod einer Ehefrau

 Kriminalhauptkommissar Klaus Kempfer erreichte als letzter gegen 2.45 Uhr den Einsatzort. Er hatte in dieser Nacht vom 3. auf den 4. März Bereitschaftsdienst bei der Mordkommission in Frankfurt.

Seine bisherigen Erkenntnisse waren eher dürftig, daher wandte er sich zuerst an den Einsatzleiter. Bernd Lambrecht, seines Zeichens Polizeioberkommissar, teilte ihm die Fakten mit.

Der Hausherr, Martin Hecht, war gegen 2.00 Uhr zurückgekommen. Kaum dass er zur Tür hineinkam, sei er von einer unbekannten Person in seinem eigenen Flur angegriffen und schwer verletzt worden. In einem kurzen Kampf habe er seinen eigenen Angaben zufolge den Angreifer getötet.

Er habe dann nach seiner Frau gerufen und diese, Verena Hecht, tot in ihrem Schlafzimmer aufgefunden.

Martin Hecht stehe noch unter Schock.

Die Szene, die sich Klaus Kempfer in dem adretten Einfamilienhaus bot, war fürchterlich anzusehen. Im Erdgeschoss, links neben dem Eingangsbereich im Wohnzimmer, lag eine männliche Leiche. Der Mann wies mehrere Schusswunden im Oberkörper auf.

Der Einsatzleiter führte Klaus Kempfer in den ersten Stock. Hier lag im Schlafzimmer vor dem Bett die Leiche einer etwa 30 Jahre alten Frau. An ihrem toten Körper waren mehrere Stichverletzungen erkennbar. Ihr war zudem die Kehle durchgeschnitten worden.

Klaus Kempfer fragte den Einsatzleiter nach den Schussverletzungen des Mannes im Erdgeschoss. Der Einsatzleiter gab an, dass Bernd Hecht einen Waffenschein besitze. Er sei Juwelier und habe an diesem Abend einen hohen Geldbetrag zur Bank gebracht. Danach habe er sich, wie fast jede Woche am Freitagabend, mit Freunden zum Biertrinken und Billardspielen getroffen.

Die Waffe, die er immer bei sich trage, habe er auch an diesem Abend mit sich geführt. Das sei letztendlich sein Glück gewesen, ansonsten wäre er jetzt wahrscheinlich ebenfalls tot.

Kempfer sah sich den Tatort noch einmal genauer an: Blutspuren fanden sich im Schlaf- und Wohnzimmer sowie im Flur im Erdgeschoss, wo der Kampf stattgefunden hatte. Im Wohnzimmer, das zu ebener Erde lag, war der Fußboden um die Leiche herum mit Blut getränkt. In unmittelbarere Nähe des toten Körpers lag die Schusswaffe. Vor der Haustür im Flur lag zudem eine blutverschmierte Brotsäge.

Darauf angesprochen, erklärte der Einsatzleiter, dass es sich dabei um das Messer handele, das der Täter benutzt hatte, als er auch Bernd Hecht töten wollte. Er hatte es ihm bei dem Kampf in den Arm gerammt, bevor Bernd Hecht ihn schließlich erschoss.

Hecht habe zunächst nach seiner Frau gesucht, und als er sie gefunden hatte, über sein Handy die Polizei gerufen. Danach sei er aus dem Haus gerannt.

Der Einsatzleiter mutmaßte, dass es sich um jemanden handelte, der in dem Haus Juwelen gesucht hatte, da die Schränke in Wohn- und Schlafzimmer durchsucht worden waren. Bei der Tatausführung muss er dann von Verena Hecht überrascht worden sein – und tötete sie. Kurz darauf sei dann wahrscheinlich der Ehemann nach Hause gekommen. Er wurde von dem Täter angegriffen.

Kempfer fuhr in das Krankenhaus, in dem der verletzte Bernd Hecht versorgt wurde. Er wusste aus Erfahrung, dass sich die Opfer am besten erinnern können, wenn ihre Erlebnisse noch frisch sind. Ein paar Tage später ist viel von den Einzelheiten verwässert. Oftmals kann nicht mehr unterschieden werden, was tatsächliche Erinnerung ist und was zu den Erzählungen anderer gehört. Allerdings musste Kempfer abwarten, wie sehr der Mann unter Schock stand. Gegebenenfalls würde er die Vernehmung zu einem späteren Zeitpunkt durchführen. Im Krankenhaus angekommen, stellte er fest, dass der Mann erstaunlich gefasst wirkte. Nach Auskunft der Ärzte war die Verletzung mittlerweile versorgt worden. Es waren keine Komplikationen zu erwarten. Der Mann hatte jegliche Beruhigungsmedikamente abgelehnt.

Kempfer stellte sich vor und Hecht fühlte sich der Lage, auszusagen.

Er schilderte den Vorfall erneut: Er sei gegen 2.00 Uhr nach Hause gekommen und habe die Tür aufgeschlossen. Als er nach dem Lichtschalter greifen wollte, habe ihn ein Mann überfallen, der ihn zu Boden schleuderte. Hecht sei zu überrascht gewesen, um zu handeln, und plötzlich habe der Angreifer auf ihm gekniet. Er habe sich aber befreien können und sich aufzuraffen versucht. Dabei sei er gestolpert, habe sich jedoch wieder gefangen und sei ins Wohnzimmer gestürzt, wo die unbekannte Person erneut über ihn hergefallen sei. Es kam dort zu einem Handgemenge, in dessen Verlauf der Täter Hecht das Messer in den Arm gerammt habe. Hecht gab an, den Schmerz kaum gespürt zu haben. Er habe versucht, nach seiner Waffe zu greifen, die er unter der Jacke trage, habe sie gefunden und mehrmals auf den Mann geschossen.

Dann habe er sich aufgerappelt und nach seiner Frau gerufen. Da sie nicht antwortete, sei er nach oben in die erste Etage gerannt. Dort habe er seine Frau leblos und blutüberströmt vor ihrem Bett liegend aufgefunden.

Dann, so Hecht, nahm er sein Handy und rief die Polizei. Er rannte die Treppe wieder herunter und aus dem Haus hinaus.

Kempfer fragte, ob denn die ganze Zeit das Messer in seinem Arm gesteckt habe. Er hatte von dem Einsatzleiter vor Ort gehört, dass man Bernd Hecht vor dem Haus mit einer blutenden Wunde am Arm angetroffen hätte. Das Messer habe man erst später gefunden.

Hecht gab an, nicht mehr zu wissen, was aus dem Messer geworden sei. Er könne nicht einmal genau sagen, ob der Täter das Messer nicht wieder herausgezogen habe.

Kempfer fragte ihn noch, wo er den Abend verbracht hatte. Er wollte den zeitlichen Ablauf genau rekonstruieren. Hecht gab an, den Abend über mit Freunden beim Billardspielen gewesen zu sein, und teilte dem Kriminalbeamten die Namen seiner Begleiter mit. Schließlich war der Mann so erschöpft, dass Kempfer die Befragung abbrach.

Am nächsten Tag suchte Klaus Kempfer die betreffenden Freunde auf. Sie alle gaben an, den Abend zusammen mit Bernd Hecht verbracht zu haben, so wie fast jeden Freitag. Eine Herrenrunde sozusagen.

Gegen 1.20 Uhr habe in der besagten Nacht Hechts Handy geklingelt. Seine Frau sei am Telefon gewesen. Nachdem das Gespräch beendet gewesen sei, habe sich Bernd Hecht auf den Weg gemacht. Um was es bei diesem Telefonat ging, wusste keiner der Männer.

Demnach musste Verena Hecht um 1.20 Uhr noch am Leben gewesen sein.

Kempfer erhielt am Nachmittag den Tatortbericht der Kollegen von der Spurensicherung.

Bei der Lektüre fielen Kempfer einige Ungereimtheiten auf, die er noch klären musste. So stellte sich heraus, dass die Brotsäge, mit der auch Bernd Hecht angegriffen worden war, aus der Küche stammte. Mit eben diesem Messer war auch Frau Hecht getötet worden. Das erstaunte Kempfer.

Demnach war der Täter unbewaffnet in das Haus der Hechts eingedrungen. Als er bei seiner Tat von dem späteren Opfer Verena Hecht gestört wurde, musste er erst in die Küche gehen, um sich nach einer geeigneten Waffe umzusehen.

Warum war der Täter nicht einfach wieder geflüchtet? Er hatte die Terrassentür im Erdgeschoss eingeschlagen, mit der Hand durch die beschädigte Scheibe gegriffen und die Tür entriegelt. Es wäre ein Leichtes für ihn gewesen, durch diese Tür wieder unerkannt zu fliehen.

War er tatsächlich von Frau Hecht gestört worden? Man hatte ihre Leiche vor ihrem Bett im ersten Stock gefunden. Wenn sie also gar nicht im Erdgeschoss gewesen war, stellte sich automatisch die Frage, warum der Täter nach oben gegangen war. Kempfer vermutete, dass Frau Hecht womöglich gerufen habe, konnte sich das aber nur sehr schwer vorstellen.

Bei dem Täter war eine Tasche gefunden worden. Interessant war die Tatsache, dass sich in ihr nichts befand. Er hatte demnach noch nicht angefangen, Beute zu machen. Allerdings hatte er Zeit genug gehabt, die Schränke zu durchwühlen, in denen Bargeld und wertvolle Antiquitäten zu finden waren.

Ein weiterer Fund machte Kempfer endgültig stutzig. Die Kollegen hatten in der Jacke des Toten einen Zettel mit der Anschrift des Ehepaars Hecht entdeckt.

Es war also klar, dass das Verbrechen kein zufälliger Einbruch, sondern eine geplante Tat gewesen war.

Über den Täter wusste die Polizei einiges. Er war, wie es im Polizeijargon so schön hieß, »für alles gut«: Emil Meistner, 43 Jahre alt. Von Autodiebstahl bis Raub mit Todesfolge, von Automatenaufbruch bis Einbruch hatte er schon alles ausprobiert. Es würde schwer werden, jemanden zu finden, der zugab, von dem geplanten Raubzug Emil Meistners gewusst zu haben.

Die Spurensicherung hatte noch etwas Wichtiges herausgefunden.

Das Blut im Schlafzimmer stammte von Frau Hecht, das im Wohnzimmer war das Blut des Täters, nur im Flur fand sich Blut von Bernd Hecht. Wenn er aber im Wohnzimmer mit dem Täter gekämpft und dann mit dem verletzten Arm in den ersten Stock gelaufen sein wollte, dann müsste sich auf dem ganzen Weg nach oben sein Blut befunden haben.

Dem war aber nicht so.

Kempfer kam ein schrecklicher Verdacht: Der Mord an Verena Hecht war ein Auftragsmord.

Und Auftraggeber war der eigene Ehemann.

Kempfer ging nun akribisch vor. Zunächst überprüfte er den Bericht über die Obduktion des Täters. Der Rechtsmediziner hatte festgestellt, dass der Täter mit vier Schüssen in den Oberkörper getötet worden war. Anhand der Schusskanäle folgerte er, dass der Täter gesessen und nicht gestanden hatte, als ihn die Schüsse trafen. Das passte aber nicht zu den Angaben von Bernd Hecht.

Außerdem waren die Einschusswunden recht groß. Wenn aber das, was Bernd Hecht aussagte, stimmte, dann hätten die Einschusswunden klein sein müssen, denn er hatte angegeben, auf kürzeste Distanz geschossen zu haben.

Kempfer war sich sicher, dass er mit seinem Verdacht auf der richtigen Spur war.

Das Haus des Juweliers war noch immer als Tatort versiegelt. So begab sich Kempfer mit den Kollegen von der Spurensicherung und den Tatortfotos noch einmal in das Haus.

Im Wohnzimmer stellte er die Szene, soweit sie ihm bekannt war, nach.

Mit Hilfe eines Tachymeters konnte er feststellen, dass Meistner aus einer Entfernung von ungefähr 2 Metern erschossen worden war.

Bernd Hecht hatte also gelogen.

Kempfer ließ nun den Festnetzanschluss im Hause überprüfen, ebenso die Vermögensverhältnisse des Ehepaars Kempfer. Dabei stellte sich Erstaunliches heraus.

Die Juwelierläden, drei an der Zahl, gehörten der verstorbenen Verena Hecht. Sie waren ihr von ihrem Vater hinterlassen worden. Bernd Hecht war lediglich der Geschäftsführer und somit ein Angestellter seiner Frau. Klaus Kempfer war sicher, dass er nun das Motiv kannte.

Die Telefonüberprüfung verstärkte seinen Verdacht. Es war zwar korrekt, dass Bernd Hecht nachts um 1.20 Uhr von dem Apparat aus seinem Haus angerufen wurde, doch als er das Telefonat auf seinem Handy annahm, legte der Anrufer sofort wieder auf. Hecht hatte also das Telefonat nur vorgetäuscht. Es schien klar, dass Verena Hecht zu diesem Zeitpunkt bereits tot war und der Mörder den Anruf, wahrscheinlich als Signal für Bernd Hecht, getätigt hatte.

Innerhalb von 48 Stunden suchte Kriminalhauptkommissar Kempfer das vermeintliche Opfer Bernd Hecht zum zweiten Mal auf und konfrontierte den Mann mit den Ermittlungsergebnissen und mit seinem Verdacht gegen seine Person.

Zunächst versuchte Hecht sich herauszureden, aber schließlich gab er auf.

Er gab zu, Meistner den Auftrag, seine Frau zu ermorden, erteilt zu haben.

Es begann mit Spielschulden, die er nicht mehr bezahlen konnte. Seine Frau hatte ihm bereits ihre Hilfe verweigert und befasste sich sogar schon mit dem Gedanken, ihn nicht nur zu verlassen, sondern ihn darüber hinaus auch als Geschäftsführer ihrer Ladenkette zu entlassen. Allerdings räumte sie ihrem Ehemann noch eine Chance ein, die dieser im wahrsten Sinne des Wortes verspielte. Im Rotlichtmilieu bestens bekannt, knüpfte er über dunkle Kanäle Kontakt zu Meistner.

Meistner sollte einen Einbruch vortäuschen und Verena Hecht töten. Sie vereinbarten einen Preis von 50 000 Euro. Hecht leistete eine Anzahlung von 30 000 Euro. Zunächst händigte Bernd Hecht dem Täter einen Haustürschlüssel aus, damit Meistner ohne Aufhebens ins Haus kam. Er sollte dann die Hausherrin töten und danach über sein Handy Bernd Hecht anrufen. Das war das verabredetet Zeichen.

Hecht würde dann nach Hause fahren und dort Meistner treffen, um ihm den Rest der vereinbarten Summe zu zahlen.

Bis dahin lief alles nach Plan.

Der Anruf kam und Hecht fuhr nach Hause. Allerdings hatte er zu keinem Zeitpunkt vor, sich an die Abmachungen zu halten. Er wollte keinen Zeugen und hatte außerdem Angst, von Meistner irgendwann erpresst zu werden.

Als er nach Hause kam, fand er Meistner im Wohnzimmer sitzend vor. Der verlangte sofort sein Geld, Hecht wollte sich aber zuerst von dem Tod seiner Frau überzeugen.

Er nahm das Brotmesser, das noch neben dem Bett lag, mit hinunter und ging zu Meistner ins Wohnzimmer, angeblich, um ihm den Rest der vereinbarten Summe zu zahlen.

Er zog dann jedoch seine Waffe und schoss mehrere Male auf Meistner. Er nahm das Messer, rammte es sich selbst in den Arm, zog es wieder heraus und ließ es im Flur fallen.

Zum Schluss zerstörte er noch die Scheibe der Terrassentür, um einen Einbruch vorzutäuschen. Schließlich rief er die Polizei.

Bernd Hecht wurde zu lebenslanger Freiheitsstrafe verurteilt.

10. Kapitel
Selbst Schraubendreher haben einen Fingerabdruck
Werkzeugspuren

Bei Einbrechern kann man davon ausgehen, dass sie immer dasselbe Werkzeug benutzen. Zumindest diejenigen unter ihnen, die nicht nur einen Einbruch begehen, sondern die unter die Kategorie *Serientäter* fallen.

Wenn davon gesprochen wird, dass eine Tür *aufgehebelt* wurde, dann ist damit gemeint, dass der Täter mit einem Werkzeug zwischen Tür und Türzarge fährt und mittels Hebelkraft die Tür aufstemmt.

Meist handelt es sich bei diesen Werkzeugen um Schraubendreher.

Das flache Stück am unteren Ende dieses Gegenstandes nennt man *Schaufel*, und anhand der Spuren, die ein Schraubendreher zurücklässt, kann man die *Schaufelbreite* messen und somit feststellen, wie groß der Schraubendreher war.

Durch ständigen Gebrauch werden auch diese Tatmittel abgenutzt, und zwar aufgrund mechanischer und thermischer Einwirkung. Sie sind daher individuell. Die durch Abnutzung entstandenen Spuren, wie Kerben, finden sich nach begangener Tat als hässliche Abdrücke an Fenstern und Türen wieder.

Jährlich kommt es bei rund 20 000 Unfällen, bei denen Personen Schaden nehmen, zu Fahrerflucht – weit mehr dürften es sein, die sich leise davonmachen, nachdem sie beim Ausparken ein Nachbarauto gestreift haben. Allerdings: Die moderne Kriminalistik kann auch hier zu überraschenden Fahndungserfolgen kommen – dank eines zentralen Lackarchivs beim BKA.

Seit 1973 nämlich gibt es beim Bundeskriminalamt in Wiesbaden die »Zentrale Autolacksammlung« (ZALS) mit mehreren Mitarbeitern. In dieser Sammlung befindet sich ein Muster jedes Autolacks, der bei in Deutschland zugelassenen Fahrzeugen verwendet wird – rund 50 000 Lackproben sind mittlerweile archiviert.

Begeht also ein Unfallverursacher Fahrerflucht und hinterlässt dabei Spuren des Lackes seines Autos – oder auch nur an einem anderen Auto – kann dieser Lack in Wiesbaden analysiert werden.

Unter einem Stereomikroskop wird die Lackspur, die zuvor in Kunstharz gegossen und dann in Dünnschnitte zerlegt wurde (jeder Schnitt 30-mal dünner als ein Haar), von den Experten des Bundeskriminalamts untersucht. Mit ihrem erfahrenen Auge können sie Farbschichten, Pigmentierungen und Bindemittel erkennen, die für jeden Autolack arttypisch sind – denn jeder Autohersteller hat seine eigenen Farben, Techniken und Verarbeitungsmethoden.

Das Ergebnis der Analyse wird in eine Datenbank eingepflegt, die dann den Hersteller und den Autotyp identifiziert. Ein umständliches Kramen in Bergen von Aktenordnern, vor Jahren noch Alltag in Wiesbaden, entfällt heute.

Weltweit werden jedes Jahr mehrere Hundert neue Farben entwickelt, die alle als Muster nach Wiesbaden kommen. Die Experten können eine Aufklärungsrate von fast 100 Prozent vorweisen.

Dadurch ist es möglich, ein bestimmtes Werkzeug einer Spur zuzuordnen.

Es kommt auch vor, um bei dem Beispiel des Schraubendrehers zu bleiben, dass ein Werkzeug bei der Tatbegehung abbricht. Diese abgebrochenen Werkzeugteile, die meist am Tatort zurückbleiben, werden sichergestellt, in der Hoffnung, dass die Polizei irgendwann auf das passende Gegenstück trifft.
Man nennt diese Spuren auch *Passspuren*.
Diese Passspuren sind genaugenommen einzigartig, fast wie ein Fingerabdruck.
Man geht davon aus, dass Werkzeuge willkürlich brechen, das heißt, dass man vorher nicht bestimmen kann, wo sie brechen werden. Es gibt also immer nur zwei Teile, die zusammenpassen, da nur diese beiden Teile die besonderen Scharten und Abdrücke aufweisen.
Die Feststellung, ob Werkzeugteile tatsächlich zusammengehören, kann natürlich nur unter einem Vergleichsmikroskop getroffen werden.
Dabei wird die Tatspur mit dem Passstück und dem tatsächlich aufgefundenen Werkzeug verglichen.

Ein weiterer wichtiger Punkt auf diesem Spezialgebiet betrifft die Fahrzeuge.
Bei organisierten Kfz-Schieberbanden werden Fahrzeuge gestohlen und ihre Identifikationsnummer entfernt. Daraufhin wird eine neue Nummer eingestanzt und die entsprechenden Papiere, Kfz-Brief und -Schein, ausgestellt. So gibt es, wenn alles gut geht, keine Möglichkeit, diese Fahrzeuge wieder aufzufinden.
Allerdings ist es auch hier möglich, mit mechanisch-chemischen Verfahren die ursprüngliche Nummer wieder sichtbar zu machen.

Eine ganz besondere Autowerkstatt

Das Fahrzeug stand auf einem ganz gewöhnlichen Parkplatz vor einem Supermarkt in Berlin.

Ein unauffälliger nagelneuer VW Golf. Eigentlich hätte auch niemand das Auto bemerkt, wenn es nicht den ganzen Tag dort gestanden hätte, ohne bewegt zu werden.

Erst am nächsten Tag wunderte sich ein Angestellter des Marktes. Das Fahrzeug stand nunmehr seit 24 Stunden an der gleichen Stelle und es gehörte keinem der Mitarbeiter. Er ging auf den Parkplatz, um sich das Fahrzeug genauer anzusehen. Er fand allerdings keine Hinweise auf den Besitzer, und so beschloss er, die Polizei zu benachrichtigen.

Da die Beamten sehr viel zu tun hatten, erschienen sie erst am Nachmittag dieses 22. August 2000. Zunächst dachten die Polizisten, es sei nicht von Belang, wie lang das Fahrzeug dort gestanden hatte, bis sie über Funk versuchten, den Halter des Fahrzeuges ausfindig zu machen.

Schnell stand fest: Das Fahrzeug war seit 48 Stunden als gestohlen gemeldet.

Der Wagen wurde abgeschleppt und zur nächsten Polizeiwache gebracht. Der Halter, ein 47-jähriger Geschäftsmann, der den Wagen als Zweitwagen für seine Frau gekauft hatte, wurde benachrichtigt und konnte sein Auto noch am selben Tag vom Revier abholen.

Der Fall schien erledigt.

Wenige Stunden später meldete sich der Fahrzeugbesitzer, Karl-Heinz Pach, bei der Polizei. Er war vollkommen aufgelöst und sprach von einer Leiche, die er in dem Wagen gefunden hatte.

Die Polizei suchte den verstörten Mann auf und untersuchte das Fahrzeug genauer. Dabei fanden sie, eingewickelt in eine Plastikplane, die Leiche eines jungen Mannes. Anhand der Ausweispapiere, die man bei ihm fand, konnte er als der 23-jährige Philip Byszewski identifiziert werden; ein Pole, der sich laut Visum als Tourist in Deutschland aufhielt. Das Fahrzeug wurde erneut sichergestellt, dieses Mal von der Spurensicherung.

Kriminalkommissarin Karina Steyer bekam diesen Vorgang als zuständige Sachbearbeiterin auf den Tisch.

Ihre erste Vermutung war, dass es sich bei dem Toten um das Mitglied einer der berüchtigten Autoschieberbanden, die in der Hauptstadt ihr Unwesen trieben, handelte. Allerdings gab es bisher keine weiteren Hinweise, die diesen Verdacht bestätigten.

Das Fahrzeug wurde eingehend von der Spurensicherung untersucht, der Leichnam des jungen Mannes befand sich im Institut für Rechtsmedizin. Das Einzige, was man bislang sagen konnte, war, dass der Mann durch einen Schuss in den Hinterkopf getötet wurde. Zahlreiche äußere Verletzungen ließen darauf schließen, dass er zuvor misshandelt worden war.

Es sah aus wie eine Hinrichtung.

In der Kleidung des Opfers befand sich ein Zettel, auf dem der Name Vaclav Byszewski und eine Adresse in Berlin standen.

Karina Steyer ging davon aus, dass es sich hierbei um die Angehörigen des Getöteten handelte, und machte sich auf den Weg, um die Todesnachricht zu überbringen. Sie verabscheute diesen Teil ihrer Arbeit, aber er musste erledigt werden.

Bei der angegebenen Anschrift handelte es sich um ein heruntergekommenes Viertel, in dem zum größten Teil Ausländer wohnten.

Die Kriminalkommissarin traf Vaclav Byszewski und dessen Ehefrau Bettina an. Vaclav gab an, dass er ein Cousin des Toten sei. Er habe keine Ahnung, was sein Verwandter getrieben und mit wem er sich getroffen habe. Philip habe lediglich seine Ferien bei seinen Verwandten in Deutschland verbringen wollen.

Die Reaktion des Mannes auf den Tod seine Cousins konnte Karina Steyer bestenfalls mit dem Begriff *Überraschung* bezeichnen.

Die Ehefrau, eine Deutsche, war hingegen erschüttert, obwohl sie zugab, den jungen Mann kaum gekannt zu haben. Die Polizistin fragte, ob das Ehepaar sich keine Sorgen gemacht habe, als Philip zwei Nächte nicht zu Hause gewesen sei.

Nein, man habe sich keine Sorgen gemacht, entgegnete Vaclav Byszewski, schließlich sei er erwachsen und außerdem habe er Ferien gehabt. Er und seine Frau hätten ihm sein Vergnügen gegönnt. Worin dieses Vergnügen bestanden habe, konnten oder wollten sie allerdings nicht sagen.

Die Ermittlerin Steyer bat um die Erlaubnis, das Zimmer, in dem Philip seit seiner Ankunft gewohnt hatte, ansehen zu dürfen. Die Eheleute hatten nichts dagegen.

Das Zimmer schien, wenn es nicht gerade Gäste beherbergte, als eine Mischung aus Abstellraum und Arbeitszimmer genutzt zu werden. Als Schlafgelegenheit diente eine Ausziehcouch, das Bett war nicht gemacht.

Unter den persönlichen Sachen des Opfers fand sich nichts, was einen Hinweis auf die Tat geben konnte. Karina Steyer musste unverrichteter Dinge wieder abziehen. Die Kommissarin war sich sicher, dass die Eheleute logen, wenn sie behaupteten, dass der junge Mann nur zu Besuch in Deutschland gewesen war. Ihren Erfahrungen nach wurden die Touristenvisa von Bürgern aus dem ehemaligen Ostblock dazu benutzt, um legal einzureisen und illegal zu arbeiten.

Beweisen konnte sie es in diesem Fall jedoch nicht.

Am nächsten Tag erhielt sie den Bericht des Rechtsmediziners. Das meiste, was er ihr zu sagen hatte, wusste sie bereits. Die wenigen neuen Einzelheiten schienen zunächst ohne Belang: Der junge Mann war durch einen aufgesetzten Kopfschuss getötet worden. Das bewies die Stanzmarke an seinem Hinterkopf. Zuvor hatte man ihn mit Messerschnitten und glühenden Zigaretten gequält.

Wenn er zu einer Autoschieberbande gehört hatte, und davon ging Karina Steyer noch immer aus, dann musste er sich den Zorn der Bande zugezogen haben.

Es gab verschiedenen Möglichkeiten: Entweder hatte man ihn für einen Spitzel gehalten oder aber er hatte versucht, auf eigene Rechnung zu arbeiten.

Der Bericht der Spurensicherung war etwas aufschlussreicher. Das Fahrzeug war in der Nacht zum 22. August gestohlen worden. Der Wagen stand auf der Straße in der Nähe des Wohnblockes, in dem der Besitzer wohnte.

Wann genau der Wagen entwendet worden war, konnte er nicht mehr sagen, er hatte ihn gegen 22.00 Uhr abgestellt.

Die Spurensicherung hatte von den Vordersitzen Faserproben genommen und sie mit der Kleidung des Toten verglichen. Dabei stellte sich heraus, dass Philip Byszewski den Wagen gefahren hatte. Also hatte er ihn wahrscheinlich auch gestohlen.

Auf dem Beifahrersitz fanden sich Fasern eines Jeansstoffes. Eine Nachfrage bei dem Halter des Fahrzeuges ergab, dass sich kein Kleidungsstück aus diesem Stoff in seinem Besitz befand. Steyer folgerte daraus, dass es noch einen zweiten Täter gegeben haben musste, der wahrscheinlich auch der Mörder des Jungen war.

Das Fahrzeug war an der Fahrertür aufgebrochen worden. Dazu hatten die Täter mit einem Werkzeug in das Schloss gestochen und es unter Anwendung von Gewalt so lange gedreht, bis es gebrochen war. Erfahrungsgemäß nutzten die Täter hierfür einen Schraubendreher.

Die Zündung war kurzgeschlossen worden.

Interessant war, dass sich in dem zerstörten Schloss ein kleines Stück Metall befand, das dort eindeutig nicht hingehörte. Es schien von dem Werkzeug, dass zum Aufbrechen benutzt wurde, abgebrochen zu sein. Dieses Stück Metall wurde sichergestellt. Es stellte einen Beweis dar, auch wenn es jetzt, da es noch keine Vergleichsprobe gab, ziemlich unnütz schien.

Einen Tag später erhielt Karina Steyer überraschenden Besuch. Bettina Byszewski stand plötzlich in ihrem Büro und wirkte äußerst nervös. Und sie hatte Angst. Karina Steyer konnte beruhigend auf die Frau einwirken, Frau Byszewski begann zu reden.

Sie erzählte, dass sie mit ihrem Mann bereits seit fast zehn Jahren verheiratet war. Bis vor etwa einem Jahr lief alles gut, aber auf einmal begann sich ihr Mann zu verändern. Sie hatten zwar mehr Geld als zuvor, er hatte das seiner Frau gegenüber mit Überstunden begründet, aber er schien unzufriedener und war immer öfter abends außer Haus.

Zuerst dachte Frau Byszewski, dass eine andere Frau dahinter stecke, aber nun war sie sich dessen nicht mehr so sicher.

Vor etwa sechs Wochen habe ihr Mann ihr dann mitgeteilt, dass sein jüngerer Cousin aus Polen, den sie nicht kannte, zu Besuch käme. Er habe in seiner Heimat keine Arbeitsstelle und wolle sich hier ein bisschen Geld verdienen. Er würde für höchstens drei Monate bleiben und dann wieder nach Hause fahren.

Frau Byszewski wusste zwar, dass ein solches Vorhaben illegal war, hoffte aber, dass der Besuch eines Verwandten ihrem Mann gut tun würde.

Karina Steyer hakte nach. Sie fragte Frau Byszewski, für wen der junge Pole denn hatte arbeiten sollen. Die Antwort überraschte sie. Er habe in der Werkstatt ihres Mannes, er sei Kfz-Mechaniker, einen Job bekommen. Der Besitzer der Kfz-Werkstatt, ebenfalls ein gebürtiger Pole mit nunmehr deutschem Pass, habe ihres Wissens nach dem jungen Polen kleinere Arbeiten übertragen, da der Junge sehr geschickt gewesen sei.

Worin diese Arbeit bestand, konnte sie allerdings nicht genau sagen.

Sie flehte Karina Steyer an, niemandem zu verraten, dass sie die Information von ihr bekommen habe. Sie fürchte sich vor ihrem Man, der in letzter Zeit immer unberechenbarer geworden sei. Außerdem wolle sie nicht, dass er seine Arbeit verliere.

Karina Steyer konnte ihr das zwar nicht zusichern, aber sie wolle doch versuchen, beim Staatsanwalt, sollte es denn zu einer Anklageerhebung wegen illegaler Beschäftigung kommen, ein gutes Wort einlegen.

Karina Steyer beschloss, mehr über diese Werkstatt herauszufinden.

Über das Ordnungsamt stellte sie fest, dass die kleine Firma rund zwei Jahre zuvor den Besitzer gewechselt hatte. Der ehemalige Werkstattleiter, Andrej Belinksi, hatte sie von seinem damaligen Chef, der in Rente ging, übernommen.

Seitdem hatte er die Werkstatt ausgebaut und sich auf hochwertige Fahrzeugtypen, wie zum Beispiel Mercedes, spezialisiert.

Die Mitarbeiter waren ausnahmslos polnischer Herkunft.

Die Ermittlerin beschloss, aufs Ganze zu gehen. Gemeinsam mit einem Rollkommando durchsuchte sie die Werkstatt. Dabei wurden zwei junge Leute auffällig, die versuchten, sich aus dem Staub zu machen. Als sie von Steyers Kollegen aufgehalten wurden, stellte sich heraus, dass es sich um illegal Beschäftigte handelte. Sie waren ebenfalls Polen und hatten, genau wie Philip Byszewski, keine gültige Arbeitserlaubnis, sondern nur ein Touristenvisum vorzuweisen.

Es fanden sich allerdings nirgends Hinweise darauf, dass Philip hier jemals gearbeitet hatte. Niemand schien ihn zu kennen. Auch im Büro des Chefs fanden sich keine Aufzeichnungen oder Abrechnungen, die vermuten ließen, dass Philip hier tätig gewesen war.

Die beiden illegal beschäftigten jungen Polen wurden mit zur Polizeiwache genommen. Der eine von ihnen sagte gar nichts. Steyer vermutete, dass er Angst hatte und schon im Vorfeld von seinem Chef unter Druck gesetzt worden war.

Der andere, Pjotr Walinsky, schien das schwächste Glied in der Kette.

Zunächst gab er an, dass Andrej Belinski ein Onkel von ihm sei, dem er lediglich ein wenig helfe. Geld würde er für seine Handlangerdienste nicht erhalten.

Als Karina Steyer ihm drohte, das Verwandtschaftsverhältnis von der polnischen Polizei überprüfen zu lassen, brach er in Tränen aus. Er habe Angst, gab er nun zu Protokoll, und würde alles sagen, wenn man ihm Schutz gewähre. Nach einem Telefonat mit dem Staatsanwalt konnte Karina Steyer ihm dies zusichern.

Nun fing er an zu erzählen: Er sei in Polen arbeitslos. Eines Tages sei er von einem Bekannten angesprochen worden, ob er nicht in Deutschland Geld verdienen wolle. Es sei keine schwere Aufgabe und würde eine ganze Menge abwerfen.

Da Pjotr Geld brauchte, weil er für eine eigene Wohnung sparte, sagte er zu, nach Deutschland zu gehen.

Er wusste, dass er keine Arbeitserlaubnis erhalten würde und demnach illegal arbeiten müsste, aber man sagte ihm, dass das Risiko, erwischt zu werden, äußerst gering sei.

Er fing immer erst am Abend zu arbeiten an und hatte meist die ganze Nacht zu tun. Wenn er kam, waren die meisten Mitarbeiter der Werkstatt schon im Feierabend. Nur der Chef und sein Werkstattleiter waren noch da.

Die Fahrzeuge wurden abends gebracht. Zu seinen Aufgaben gehörte es, die Fahrzeugen auszuräumen und die Innenräume der Wagen vollständig zu säubern. Die persönlichen Dinge der Wagenbesitzer wurden, wenn sie wertvoll waren, beiseite gelegt, der Rest hinten auf dem Hof verbrannt. Danach wurden die Fahrgestellnummern entfernt und neue eingestanzt.

Wenn es sich um ein gängiges Fahrzeugmodell handelte, war Pjotrs Arbeit jetzt beendet. Wenn es sich um ein auffälliges Fahrzeug handelte, wie beispielsweise einen nagelneuen Jaguar, dann wurde das Fahrzeug abgeschliffen und noch über Nacht in einer neuen Farbe gespritzt. Spätestens am nächsten Tag, bevor die Kundschaft kam, waren die Fahrzeuge jedoch verschwunden.

Karina Steyer hörte angespannt zu.

Sie hatte Recht gehabt!

Sie fragte Pjotr, wer die Fahrzeuge abends brachte und ob es sich immer um dieselben Leute handele. Er gab an, dass, so lange er dort gearbeitet hatte, die Fahrzeuge immer abends von einem jungen Polen gebracht worden waren. Kurz nach dem Fahrer des wahrscheinlich gestohlenen Wagens kam der Werkstattleiter mit seinem eigenen Wagen.

Karina Steyer konnte sich denken, wer die beiden Personen waren, aber sie fragte Pjotr trotzdem danach.

Und sie behielt recht.

Der junge Pole war Philip und der Werkstattleiter hieß Vaclav Byszewski.

Eines Abends kam Byszewski allein in die Werkstatt und wechselte ein paar Worte mit dem Chef. Daraufhin wurden alle Hilfskräfte nach Hause geschickt. Einen Tag später hieß es, sie sollten nun alle tagsüber arbeiten. Seitdem verrichtete Pjotr Hilfsarbeiten. Es kamen am Abend auch keine Fahrzeuge mehr.

Mehr wusste er nicht.

Karina Steyer geriet in Zugzwang.

Sie wusste nicht so recht, wie sie weitermachen sollte. Es schien ihr klar, dass der Abend, von dem Pjotr sprach, genau der Abend war, an dem Philip Byszewski ermordet worden war. Sie glaubte auch zu wissen, von wem.

Mit dem, was Steyer von Pjotr erfahren hatte, konnte sie dem Besitzer der Werkstatt illegale Beschäftigung sowie organisierten Autodiebstahl nachweisen. Den Beweis für einen Mord indes konnte sie nicht führen.

Eine Observation der Werkstatt schien zu diesem Zeitpunkt unsinnig, da Andrej Belinski nach der bereits erfolgten Durchsuchung vorsichtig sein und mit Sicherheit keine gestohlenen Fahrzeuge mehr in seiner Werkstatt »behandeln« würde.

Aufgrund der Angaben von Pjotr war außerdem klar, dass die anderen Mitarbeiter von der Nebentätigkeit ihres Chefs und Werkstattleiters nichts wussten. Also schied hier, aller Wahrscheinlichkeit nach, eine Täterschaft aus. Es blieben als Tatverdächtige nur Andrej Belinski und Vaclav Byszewski.

Sie erinnerte sich an den Bericht der Spurensicherung, demzufolge das gestohlenen Fahrzeug, in dem Philip Byszewski tot aufgefunden wurde, wahrscheinlich mit einem Schraubendreher *gestochen* worden war. In einer Werkstatt würden sich solche Art Werkzeug zuhauf finden.

Nach Rücksprache mit dem Staatsanwalt führte sie eine weitere Durchsuchung durch – zeitgleich in der Werkstatt und auch in den Wohnungen des Werkstattleiters und seines Chefs.

Als die Mitarbeiter am folgenden Morgen um 8.00 Uhr zur Arbeit kommen wollten, standen sie vor verschlossenen Türen. Polizisten hielten sie davon ab, ihren Arbeitsplatz zu betreten. Karina Steyer ließ in den Räumen sämtliches Werkzeug beschlagnahmen.

Die Durchsuchungen in den beiden Wohnungen ergaben nicht viel, wenn man davon absah, dass Blanko-Kfz-Scheine und -Briefe bei Andrej Belinski gefunden wurden. Beide Männer wurden wegen des Verdachts des Bandendiebstahls festgenommen. Karin Steyer hatte genau dokumentieren lassen, zu welchem Mitarbeiter welche Werkzeugkiste gehörte. Die Experten der Spurensicherung taten ihren Teil der Arbeit: Sie fanden einen Schraubendreher, an dessen Schaufel ein Ecke abgebrochen war.

Mithilfe eines Elektronenmikroskops wurde das Werkzeug mit der abgebrochenen Ecke, die in dem Schloss des gestohlenen Wagens entdeckt wurde, verglichen. Das kleine Metallstück gehörte eindeutig zu dem untersuchten Schraubendreher.

Anhand der Dokumentation ließ sich das Werkzeug einer Person zuordnen: Vaclav Byszewski.

Beide Männer, Vaclav Byszewski und Andrej Belinski, schwiegen beharrlich zu den Vorwürfen.

Aufgrund dieser Ermittlungen flog eine mafiaähnliche Organisation auf, die in Deutschland sorgsam aufgebaut und von Polen aus gesteuert wurde.

Den Mord an Philip konnte man keiner der beschuldigten

> Wir leben im Computerzeitalter, und fast jeder Haushalt besitzt mittlerweile einen PC. Da wundert es nicht, dass Kriminelle ihren Computer nutzen, um Straftaten zu begehen. Es muss nicht immer Betrug in großem Maßstab sein – manches Mal können auch Dateien, die nur die tägliche Fahrleistung eines Firmenautos erfassen, bereits Hinweise auf ein Verbrechen geben.
> Straftäter, die Beweise auf ihrem Computer vernichten wollen, haben allerdings schlechte Karten. Modernste Technologie ermöglicht es, selbst zerstörte Festplatten wieder lesbar zu machen – ganz gleich, ob sie zerbrochen, mit einem Hammer bearbeitet oder ins Wasser geworfen wurden.
> Ein besonderes Verfahren, das *Blue-Laser-Scanning*, tastet die defekte Festplatte ab, auf der es jedes Bit als kleinen Hügel registriert und analysiert. Nur Geduld braucht der Kriminalist dann noch: zwischen 70 und 150 Stunden benötigt das Gerät, um 40 Gigabyte zu erkennen, und es bedarf dann noch menschlicher Experten, die so gewonnenen Daten auch inhaltlich zu entschlüsseln.

Personen nachweisen. Es waren lediglich Indizien, die auf Vaclav Byszewski als Täter deuteten.

Nachforschungen ergaben jedoch, dass Philip Byszewski begonnen hatte, auf eigene Rechnung zu arbeiten. Er stahl Fahrzeuge, um sie selbst zu verkaufen. Die Polizeibeamten nahmen daher an, dass seine Auftraggeber davon Wind bekommen hatten und ihn hinrichten ließen.

Es stellte sich heraus, dass die Fahrzeuge, die von Belinski und seinen Leuten gestohlen wurden, irgendwann in seiner Werkstatt repariert worden waren.

Der Mord an Philip Byszewski wurde in einem gesonderten Verfahren verhandelt.

Man ging davon aus, dass Vaclav und Philip in Streit geraten waren und Vaclav seinen Cousin im Affekt tötete. Er wurde zu zehn Jahren Haft wegen Totschlags verurteilt.

Die Staatsanwaltschaft ging in Berufung.

11. Kapitel

Blut von Schleifspuren und Blutgruppen

Gerade bei Gewaltverbrechen ist die Untersuchung der Blutspur unerlässlich. Dabei geht es nicht nur um die Blutgruppenbestimmung oder die DNA-Analyse.

Zuerst einmal kann man an der Farbe der Blutspur grob erkennen, wie alt sie ist, also wie lange eine Tat tatsächlich her sein könnte.

Frisches Blut ist rot, älteres eingetrocknetes Blut hat eine bräunliche bis schwarze Färbung. Allerdings ist das auch wieder abhängig von der Witterung, der Temperatur der Umgebung, der Beschaffenheit des Spurenträgers und vielem mehr.

Blut sieht auf einem Stück Stoff anders aus als auf dem Parkettfußboden.

Aber es gibt noch etwas mehr, worüber uns das Blut Auskunft geben kann.

Die meisten von uns würden einer Blutspur mit Sicherheit nicht viel Interesse entgegenbringen, außer dass sie Übelkeit oder Ekel verursacht. Und doch ermöglicht uns das Blut wertvolle Hinweise über einen möglichen Tathergang.

Man unterscheidet verschiedene Arten von Blutspuren. Zunächst einmal die *Blutlache*. Eine Blutlache ist nichts weiter als die »Pfütze« einer größeren Blutmenge. Wenn eine Person eine stark blutende Wunde aufweist und sich nicht bewegt oder bewegt wird, dann bildet sich unter der Wunde eben eine Blutlache.

Bei einer *Tropfspur* fällt das Blut in Tropfen fast senkrecht zu Boden. Man kann das immer sehr schön in Kriminalfilmen sehen, wenn der Held den Schurken, den er vorher angeschossen hat, anhand dieser Tropfspur verfolgt und schließlich stellt.

Diese beiden vorgenannten Spuren sind eindeutig und sicher auch vom Laien zu erkennen. Nun wird es allerdings komplizierter.

Seitdem mein Sohn gehen kann, begegne ich seinen kleineren Verletzungen mit dem Spruch: »Laufen darf das Blut, nur spritzen nicht. Wenn es spritzt, haben wir ein Problem.«

Einige von uns haben bestimmt schon einmal eine Schlagaderverletzung gesehen. Dabei sickert das Blut nicht aus der Wunde, sondern es spritzt heraus. Wird eine solche Blutung nicht unverzüglich gestoppt, verblutet der Verletzte. Diese *Spritzspur* hinterlässt ein eindeutiges Muster.

Aber Vorsicht! Ungeübte Augen können diese Spur sehr leicht mit der *Schleuderspur* verwechseln.

Mir fällt ganz spontan der Roman von Agatha Christie *Mord im Orientexpress* ein. In dieser Geschichte wird eine Person in einem Zugabteil von zwölf anderen erstochen. Es wird ein Messer benutzt. Jeder sticht einmal zu, zieht das Messer aus der Wunde und reicht es seinem Mittäter. Der wiederum holt aus und sticht zu und so weiter …

Bei diesem Tathergang müsste das enge Abteil übersät sein von *Schleuderspuren*. Man stelle sich vor: Wenn ein Messer aus einer Wunde gezogen wird, haftet an ihm Blut. Wenn nun ausgeholt wird, um erneut zuzustechen, wird das an dem Messer haftende Blut weggeschleudert und hinterlässt Spritzer an Zimmer-, oder, wie in unserem Fall, Abteildecken und -wänden.

Eine *Spritzspur* entsteht auch, wenn ich einen Körperteil, beispielsweise einem Arm, der blutbesudelt ist, heftig bewege.

Höchst interessant bei der Spurensicherung sind die so genannten *Wischspuren*. Sie entstehen, wenn der Täter eventuell versucht, Spuren zu beseitigen, indem er das Blut abwischt. Oder, wie in einigen Krimis immer sehr dramatisch dargestellt, wenn das Opfer vielleicht an einer Wand hintergerutscht ist und so das Blut verwischt hat.

Die *Schleifspur* ist wieder recht einfach zu erkennen. Sie hat immer einen Ursprung, also beispielsweise eine Blutlache, und wird erzeugt, wenn das Opfer bewegt und vielleicht an Händen oder Füßen weggezogen wird.

Die *Abrinnspur* hingegen entsteht, wenn ein Opfer nicht bewegt wurde. Unter dem Körper bildet sich eine Blutlache, die dann in einer kleineren Spur weiterrinnt.

So ist anhand einer wie auch immer gearteten Blutspur erst einmal zu klären, ob sich die Beamten tatsächlich am Tatort befinden, oder ob es sich nur um den Fundort handelt, das heißt, dass die Tat nicht an dem Ort geschah, wo die Leiche abgelegt wurde.

Wenn eine Leiche mit einer stark blutenden Wunde aufgefunden, jedoch keine Blutlache oder andere Blutspur festgestellt wird, ist die Tat garantiert woanders begangen worden.

Interessant wird es immer dann, wenn Blut gesichert wird, wo eigentlich keines sein dürfte, oder aber, wenn dort, wo man nach bisherigen Erkenntnissen Blut vermuten müsste, keines ist. Man sieht also, dass uns sowohl vorhandenes als auch fehlendes Blut wertvolle Informationen über den Tathergang gibt.

Anfang des 20. Jahrhunderts entdeckte der Österreicher Arzt Dr. Karl Landsteiner (1868–1943) die Blutgruppen. Diese Entdeckung war nicht ganz unwichtig, denn sie ist nicht nur kriminalistisch von Wert, sondern auch medizinisch. Landsteiner erhielt 1930 für seiner Forschungen den Nobelpreis für Medizin.

Wir brauchen Informationen über die Blutgruppe unter anderem für Organtransplantationen und für Blutspenden.

Bei den Blutgruppen werden in der Reihenfolge ihrer Häufigkeit unterschieden:

- A positiv
- Null positiv
- B positiv
- Null negativ
- A negativ
- AB positiv
- B negativ
- AB negativ

Dies war ein Durchbruch, konnten doch endlich Bluttransfusionen durchgeführt werden. Vorher war das nicht möglich gewesen. Wenn ein Patient eine Blutspende erhält, die nicht zu seiner Blutgruppe passt, verklumpt das Blut – mit tödlichen Folgen.

Das Blut setzt sich zusammen aus dem Plasma sowie den Blutkörperchen, zu denen weiße und rote Blutkörperchen und Blutplättchen gehören.

> Die weißen Blutkörperchen besitzen einen Kern und sind daher für den genetischen Fingerabdruck, also die DNA-Analyse, geeignet.
> Die roten Blutkörperchen besitzen keinen Kern, tragen dafür aber die so genannten *Antigene*, die die Aufgabe haben, Antikörper zu produzieren, um den Körper vor Krankheiten zu schützen.
>
> Im Laufe der Jahre ist die DNA-Analyse zwar immer wichtiger geworden, aber trotz allem kann man auch durch eine Blutgruppenbestimmung den Täterkreis grob eingrenzen. Wenn beispielsweise bei einem Sexualdelikt festgestellt wurde, dass der Täter Blutgruppe A negativ hatte, dann können alle Verdächtige, die eine andere Blutgruppe haben, von vornherein ausgeschlossen werden.
>
> Um die Blutgruppe ermitteln zu können, braucht man in manchen Fällen noch nicht einmal Blut. Kurz nach Entdeckung der Blutgruppen wurde festgestellt, dass es so genannte *Ausscheider* gibt. Bei Ausscheidern lassen sich in allen Körperflüssigkeiten, selbst im Urin, die gleichen Stoffe wie im Blut nachweisen. Es sind aber nicht alle Menschen Ausscheider, sondern nur etwa 80 Prozent der Bevölkerung.
> Heutzutage ist es möglich, durch eine Blutprobe zu klären, ob es sich um menschliches oder tierisches Blut handelt. Das Geschlecht kann man ebenfalls auf diese Weise bestimmen.

Noch ein paar Worte zu *latenten Blutspuren*. Blut ist noch nach Jahren auswertbar. Auch wenn versucht wurde, es zu entfernen. In diesem Fall wird eine Chemikalie, und zwar Luminol, eingesetzt. Für dieses Verfahren muss der Raum abgedunkelt werden. Es macht Blutspuren, -spritzer und so weiter wieder sichtbar und funktioniert deshalb, weil man Blut nie vollständig entfernen kann.

Das saubere Nachthemd

Nichts bereitete die Beamten auf das vor, was sie sehen sollten, als sie in der Nacht zum 13. September 1995 zu einer Wohnung im Hamburger Stadtteil Iserbrook fuhren. Sie waren von einer Frau benachrichtigt worden, die am Telefon aufgelöst etwas von einem *Überfall* erzählt hatte. Was genau sie damit meinte, konnte der Beamte, der den Notruf entgegennahm, nicht von ihr erfahren. Er erkannte, dass sich die Anruferin am Rande der Hysterie befand.

In derselben Nacht hatte der Kriminalbeamte Hartmut Schuster Bereitschaftsdienst, und da die Nacht bisher sehr ruhig gewesen war, beschloss er, mit zu diesem Einsatz zu fahren. Auch er sollte diesen Anblick nie vergessen.

Als die Beamten an dem Einsatzort, einem Mehrfamilienhaus mit sechs Parteien, eintrafen, wurden sie bereits von einer kleinen Gruppe Menschen erwartet. Unter ihnen war eine junge blutverschmierte Frau mit einer Decke um die Schultern und einem Bündel im Arm. Sie wurde gestützt von einer älteren Frau. Etwas abseits stand ein Mann.

Das Bündel im Arm der Frau entpuppte sich als ein in Decken gehülltes, wimmerndes Baby.

Als die Beamten vor der kleinen Gruppe aus den Fahrzeuge sprangen, zeigten die Leute auf eine Erdgeschosswohnung hinter ihnen, bei der die Terrassentür offen stand. Nach allem, was die Polizisten verstehen konnten, musste sich in dieser Wohnung ein Drama abgespielt haben.

Unter äußerster Vorsicht betraten sie die Räumlichkeiten. Auf den ersten Blick erschien alles normal, bis auf ein paar Blutflecken auf dem Fußboden im Wohnzimmer. Auch im Flur war Blut zu erkennen.

Vom Flur aus führten mehrere Türen zu anderen Zimmern. Es schien eine verhältnismäßig große Wohnung zu sein.

Direkt neben dem Wohnzimmer befand sich ein Schlafzimmer, daneben ein Arbeitszimmer. Dort entdeckten die Beamten die erste Leiche: Auf einer Ausziehcouch lag ein Mann von ungefähr vierzig Jahren mit durchschnittener Kehle. Für ihn kam jede Hilfe zu spät.

An das Arbeitszimmer schloss sich ein Kinderzimmer an. Aufgrund der Einrichtung handelte es sich aller Wahrscheinlichkeit nach um das Babyzimmer.

Auf der anderen Seite des Flures, genau gegenüber dem Kinderzimmer, befand sich ein weiteres Schlafzimmer, in dem die Leiche eines Mädchens von etwa 12 Jahren auf dem Fußboden vor ihrem Bett lag. Sein Körper wies mehrere Messerstiche auf.

In dem daneben liegenden Badezimmer und der anschließenden Küche schien alles normal. Der anwesende Kriminalbeamte ließ den Tatort sofort absperren und benachrichtigte die Spurensicherung.

Erst jetzt fand er die Zeit, sich um die vor dem Haus stehen Personen zu kümmern. Eine weibliche Beamtin hatte sich der Leute angenommen und sie in die benachbarte Wohnung geführt, wo Schuster sie schließlich befragte.

Die Polizistin informierte ihn darüber, dass auch die junge Frau verletzt sei und ein Krankenwagen bereits benachrichtigt wurde. Er müsse jeden Moment ankommen.

Die Frau weinte und war nicht vernehmungsfähig, die älteren Nachbarn, ein Ehepaar mit dem Namen Scheper, konnte nichts Wesentliches zu den Vorgängen in der Nachbarwohnung beitragen.

Sie gaben an, sie hätten lediglich gegen kurz nach 1.00 Uhr morgens gellende Schreie aus der Wohnung der Familie Ahlemann gehört. Als sie nachsehen wollten, stand die junge Frau bereits auf der Straße und schrie um Hilfe. Frau Scheper habe sofort die Polizei gerufen und sie und ihr Mann seien dann nach draußen geeilt, um Frau Ahlemann zu helfen. Hartmut Schuster entschied, die Frau zunächst in ein Krankenhaus bringen zu lassen und sich erst am nächsten Tag mit ihr zu beschäftigen.

Er bat also die uniformierte Beamtin, Frau Ahlemann und ihr Baby ins Krankenhaus zu begleiten und die Kleidung der beiden für die Spurensicherung sicherzustellen. Dann widmete er sich mit der eintreffenden Spurensicherung dem Tatort.

Sie begannen mit ihrer grausigen Arbeit im Arbeitszimmer, in dem die Leiche des Mannes gefunden worden war. Er schien vom Täter überrascht worden zu sein, denn es gab keine Kampfspuren. Der Mann hatte auf seiner Couch gelegen und wies als einzige Verletzung eine tiefe Schnittwunde am Hals auf. Die Spritzspur, die die verletzte Arterie verursacht hatte, bestätigte, dass der Mann nicht mehr bewegt worden war, seitdem er gestorben war. Allerdings musste der Täter über und über mit Blut besudelt gewesen sein, da auch ihn das herausspritzende Blut getroffen haben musste.

Im Kinderzimmer des 12-jährigen Mädchens sah das anders aus. Der Täter hatte mehrmals auf das im Bett liegende Kind eingestochen. Dass das Kind im Bett gelegen haben musste, bewiesen die Blutspuren auf den Kissen- und Deckenbezügen.

Die Wand, an der das Bett stand, wies genau wie die Zimmerdecke Schleuderspuren auf. Der Mörder hatte immer und immer wieder zugestochen und dabei jedes Mal ausgeholt. Es waren unzählige Messerstiche. Der Rechtsmediziner zählte später 22.

Für die ermittelnden Beamten war es unvorstellbar, wie viel Hass in einem Menschen schlummern musste, der einem Kind so etwas antun konnte.

Allerdings hatte das Kind den Angriff sehr wahrscheinlich überlebt, denn es war entweder aus dem Bett gefallen oder hatte sich mit letzter Kraft aus dem Bett rollen lassen. Es wurde auf dem Fußboden, etwa eineinhalb Meter vom Bett entfernt, gefunden. Die Schleifspuren, die man entdeckte, konnten daher rühren, dass das Kind versucht hatte, dem Täter auf dem Boden robbend zu entfliehen.

Der mit Teppich belegte Flurboden vor allen Zimmern war mit Blutspuren übersät. Eine Tropfspur führte ins Schlafzimmer und endete auf dem Bett. Schuster vermutete, dass die Frau hier gelegen hatte und dem Mörder wie durch ein Wunder entkommen war.

In dem Zimmer des Babys gab es nichts, was auf die Anwesenheit des Mörders schließen ließ. Entweder hatte der Täter keine Ahnung, dass sich noch ein Baby im Haus befand – oder aber das kleine Kind hatte nicht in seinem Bettchen gelegen, sondern war in der Nacht bei der Mutter gewesen.

Die Küche war gefliest und sauber. Lediglich auf dem Tischtuch fand sich ein rudimentärer blutiger, rechteckiger Abdruck, den Schuster nicht zuordnen konnte.

Das Wohnzimmer war mit Laminat ausgelegt. Hier fanden sich diverse Tropfspuren, die jedoch leider beim ersten Betreten der Wohnung durch die Polizei zum Teil verwischt worden waren.

Nach ersten Erkenntnissen hatte der Täter eindeutig Handschuhe getragen. Die Fingerspuren, die gefunden wurden, waren so zahlreich an allen Stellen der Wohnung vorhanden, dass davon ausgegangen wurde, dass sie von den Bewohnern selbst stammten.

Ungeklärt war bisher, wie der Täter in die Wohnung eingedrungen war, denn Aufbruchspuren an Fenstern oder Türen waren nicht zu finden. Zwar stand die Terrassentür weit offen, allerdings könnte auch Frau Ahlemann diesen Fluchtweg gewählt haben, um so schnell wie möglich die Wohnung zu verlassen.

Schuster erhoffte sich von der Vernehmung der Frau Ahlemann Antworten auf seine Fragen.

Am übernächsten Tag erst konnte er die Frau vernehmen. Er besuchte sie im Krankenhaus, in dem sie – zusammen mit ihrem Baby – noch immer zur Beobachtung lag.

Nach den Angaben des behandelnden Arztes waren ihre Verletzungen vergleichsweise gering. Sie hatte zwei leichte Schnittwunden am linken Oberarm und eine etwas tiefere Verletzung am linken Oberschenkel. Das Baby hingegen war vollkommen unversehrt.

Die junge Frau, Schuster wusste mittlerweile, dass sie 33 Jahre alt war, lag bleich in ihrem Bett, war aber in der Lage, dem Ermittler die Vorkommnisse der Tatnacht zu schildern. Sie wusste bereits, dass ihr Mann Michael sowie die älteste Tochter Janine tot waren, umso schwerer fiel es Schuster, die Frau mit Fragen zu quälen.

Sie gab an, dass die Familie früh zu Bett gegangen sei an diesem 12. September 1995. Es war der erste verhältnismäßig kühle Abend in dem ansonsten brütend heißen Sommer, und man hatte alle Fenster sowie die Terrassentür offen gelassen.

Da das Baby bereits den ganzen Tag gefiebert hatte, nahm Frau Ahlemann es mit sich ins Bett, ihr Ehemann schlief in seinem Arbeitszimmer. Gegen 1.00 Uhr sei sie von einem Geräusch wach geworden, dachte jedoch zuerst, dass sie nur geträumt habe, bis sie erschrak. Denn plötzlich stand an Mann an der linken Seite ihres Bettes und stach, ohne ein Wort zu sagen, zu. Sie hatte sich instinktiv auf die rechte Seite gedreht, um mit ihrem Körper ihr Kind zu schützen, so dass das Messer sie nur am Arm erwischte.

Der Mann stach noch mehrmals zu, sie konnte aber nicht mehr sagen, wie oft. Sie habe sich mit ihrem Kind im Arm vom Bett rollen lassen und laut geschrien. Der Mann habe sich zunächst auf sie stürzen wollen, habe aber dann, wahrscheinlich aufgrund ihrer gellenden Hilfeschreie, die Wohnung verlassen. Sie selbst sei hinausgerannt.

Sie mache sich die allergrößten Vorwürfe, weil sie nicht nach ihrem Ehemann und ihrer Tochter geschaut habe, aber sie sei in Panik geraten und hätte nur den einen Wunsch gehabt, nämlich so schnell wie möglich ins Freie zu kommen.

An dieser Stelle brach sie in Tränen aus.

Hartmut Schuster hatte Mühe, sie zu beruhigen, aber nach ein paar Minuten war sie soweit, dass er die Vernehmung fortsetzen konnte. Er fragte nach, ob sie den Mann beschreiben könne.

Frau Ahlemann verneinte. Beschreiben könne sie den Mann nicht, denn nach allem, was sie gesehen hatte, war er maskiert gewesen.

Schuster fragte sie, ob das Geräusch, das sie gehört hatte, auch die Schreie ihrer Tochter gewesen sein könnten.

Frau Ahlemann war sich nicht sicher. Schließlich sei sie aus dem Tiefschlaf gerissen worden und könne das Geräusch beim besten Willen nicht beschreiben.

Sie begann wieder zu schluchzen. Schuster hielt es für das Beste, die Befragung abzubrechen.

Ihm war die Motivation des Täters noch immer unklar. Die Wohnung war an sich ordentlich gewesen und wirkte nicht, als habe jemand nach wertvollen Dingen gesucht.

Sollte es sich hier um einen Racheakt handeln? Er konnte sich keinen Reim auf die Tat machen.

Schuster fuhr an seine Dienststelle und befasste sich mit den Berichten, die nach und nach sein Büro erreichten.

Die Todesursache von Michael Ahlemann schien klar. Er war mit einem einzigen Schnitt durch die Kehle getötet worden. Allerdings hatte man auch Reste von einem starken Schlafmittel in seinem Blut gefunden. Wahrscheinlich hatte er nichts gemerkt.

Seine Tochter Janine erlitt 22 Messerstiche in den Brustraum, wobei die meisten Stiche für sich allein schon tödlich gewesen wären. Das Mädchen hatte nicht die geringste Chance. Der Mörder handelte mit aller Gewalt, denn mehrere ihrer Rippen waren stark beschädigt, und die Stiche gingen sehr tief. Hier entlud sich anscheinend der ganze Hass des Täters.

Im Arbeitszimmer, in dem Michael Ahlemann ermordet wurde, fanden sich nur seine eigenen Blutspuren, in dem Zimmer seiner Tochter fanden sich neben dem Blut des Mädchens auch seine Blutstropfen – und zwar vor dem Bett.

Es war also davon auszugehen, dass zuerst der Mann und dann das Kind getötet wurde.

Im Schlafzimmer auf dem Bett, in dem Frau Ahlemann mit dem Baby gelegen hatte, befand sich ihr eigenes Blut auf dem Bettzeug. Frau Ahlemann hatte ausgesagt, dass der Täter mehrfach ausgeholt habe, allerdings fanden sich nirgendwo an den Wänden oder Möbeln Schleuderspuren. Die hätten aber vorhanden sein müssen, denn das bereits an dem Mordwerkzeug, wahrscheinlich einem Messer, klebende Blut hätte sich bei der Ausholbewegung auf jeden Fall gelöst und wäre weit durch die Luft geschleudert worden.

Den blutigen Abdruck auf dem Tischtuch in der Küche konnten sich die Ermittler nicht erklären. Allerdings fand sich ein winziger Blutstropfen in der Küche vor der Spüle. Er wäre fast übersehen worden. Es handelte sich um das Blut von Frau Ahlemann.

Interessant war, dass das Babyzimmer unversehrt war. Hier war nirgends Blut zu entdecken.

Wenn der Täter sich allerdings vorgenommen hatte, die ganze Familie Ahlemann auszulöschen, hätte er doch mit Sicherheit auch in das zweite Kinderzimmer geschaut. Erst vor dem kleinen Bettchen hätte er merken können, dass das Kind nicht da war. Wenn er aber in dem Zimmer gewesen wäre, hätte dort auf dem Fußboden Blut sein müssen, denn das Messer und auch Täter waren blutbesudelt.

Es sei denn, der Täter hatte gewusst, dass das Kind in der betreffenden Nacht nicht in seinem Zimmer sein konnte.

Aber wie konnte er das wissen?

Hartmut Schuster war ratlos. Anstatt Antworten zu finden, stellten sich dem Kriminalbeamten immer neue Fragen.

Schuster beschloss daher, Frau Ahlemann erneut zu befragen. Er suchte sie noch einmal im Krankenhaus auf und befragte sie darüber, was genau passiert war, nachdem der Mörder von ihr abgelassen hatte.

Sie versuchte sich genau zu erinnern. Nachdem der Mann weggelaufen war, habe sie sich vom Boden aufgerafft und sei mit dem Baby im Arm in Richtung Wohnzimmer gelaufen. Sie wollte so schnell wie möglich über durch die offene Terrassentür ins Freie.

Schuster fragte, ob sie sich vielleicht in der Wohnung noch umgesehen hätte, zum Beispiel um nachzusehen, wie es der Tochter und dem Ehemann gehe. Christina Ahlemann verneinte energisch. Nein, sie sei einfach in Panik geraten und habe die Wohnung auf direktem Wege verlassen.

Hartmut Schuster begann an den Angaben von Christina Ahlemann zu zweifeln.

Ihre Aussage passte nicht mit den Erkenntnissen der Ermittler zusammen.

Auch die Frage, wer als Täter in Frage kam oder wer überhaupt ein Motiv gehabt hatte, konnte sie ihm nicht beantworten.

Er beschloss, sich die Familie Ahlemann näher anzusehen. Dabei stellte sich Erstaunliches heraus.

Christina Ahlemann war Michael Ahlemanns zweite Ehefrau und erst seit drei Jahren mit ihm verheiratet. Die erste Frau Ahlemanns war fünf Jahre zuvor bei einem Verkehrsunfall gestorben. Demnach war Janine nur Christina Ahlemanns Stieftochter. Das hatte sie der Polizei bis jetzt jedoch verschwiegen.

Michael Ahlemann war Unternehmer gewesen. Zusammen mit einem Freund hatte er einen kleinen Verlag betrieben. Als die Geschäfte immer schlechter gingen, musste er sein Haus verkaufen und war mit seiner Familie vor einem halben Jahr in die Wohnung gezogen.

Nach Angaben eines Freundes habe Christina dies nur sehr schwer verkraftet. Sie sei daran gewöhnt gewesen, Geld auszugeben. Jetzt musste die Familie jeden Pfennig umdrehen. Es sei zwischen den Eheleuten immer wieder zu Streitigkeiten gekommen. Michael habe die vergangenen drei Monate, seit der Geburt des gemeinsamen Kindes, im Arbeitszimmer genächtigt. Sogar von Scheidung sei bereits die Rede gewesen.

Hartmut Schuster fragte den Geschäftspartner, ob Michael Ahlemann Schlafmittel genommen habe. Der Freund bestätigte dies. Die geschäftlichen Sorgen und der Ärger mit seiner Frau hatten Michael nicht mehr schlafen lassen. Daher nahm er jeden Abend starke Medikamente.

Das Verhältnis Christinas zu ihrer Stieftochter beschrieb der Freund als unauffällig. Sie habe sich mit dem Kind zwar nach außen hin verstanden, gemocht hätten die beiden sich aber nie wirklich. Nach der Geburt des Babys habe sich Christina kaum noch um ihre Stieftochter gekümmert.

Schuster konnte es kaum glauben. Sollte Christina Ahlemann wirklich soweit gegangen sein, Stieftochter und Ehemann zu töten?

Die Erbschaft fiel gering aus. Es war fast nichts mehr da. Was also sollte das Motiv sein? Es gab aber noch etwas, was gegen diese Theorie sprach.

Das Nachthemd, das Frau Ahlemann in der besagten Nacht getragen hatte, war nur von ihrem eigenen Blut durchtränkt. Hätte sie Ehemann und Stieftochter ermordet, dann hätte man auch deren Blut auf der Nachtwäsche finden müssen.

Dem war aber nicht so.

Schuster wollte sicher gehen und betrachtete erneut die am Tatort aufgenommenen Fotos.

Er beschloss, sich die Wohnung noch einmal anzusehen. Gemeinsam mit einem Beamten der Spurensicherung untersuchte er nun die Küche genauer. Direkt unterhalb der Spüle war der winzige Blutfleck von Frau Ahlemann gefunden worden. Der Beamte der Spurensicherung besprühte die Spüle, die Schranktür darunter und den Fußboden mit Luminol, derjenigen Chemikalie, die latente, nicht mehr wahrnehmbare Blutspuren sichtbar macht. Dann verdunkelten sie das Zimmer.

Das, was Schuster sah, konnte er zunächst nicht fassen: Auf allen mit Luminol behandelten Flächen wurde Blut sichtbar. Offenbar hatte jemand versuchte, es wegzuwischen. Auf den Fliesen zwischen Küchentür und Spüle sah es nicht anders aus.

Das bedeutete, dass der Mörder in der Küche gewesen war. Er hatte sich dann alle Mühe gegeben, seine Spuren zu vernichten.

Dafür gab es nur eine Erklärung: Der Mörder stammte aus der Familie. Damit kam eigentlich nur Christina Ahlemann in Frage.

Schuster durchsuchte die Wohnung nun gründlich. Nach einigen Stunden hatte er das, was er suchte: ein weiteres mit Blut verschmiertes Nachthemd, versteckt in einer Plastiktüte im Kleiderschrank. Er war sicher, auf diesem Nachthemd, das eindeutig Christina Ahlemann gehörte, würde er die Blutspuren von Michael und seiner Tochter finden.

Wenn aber Christina die Mörderin war, sollte auch die Tatwaffe noch in der Wohnung sein.

Und wieder suchten sie in der Küche.

In der Spülmaschine schließlich fanden sie neben Besteck für drei Personen ein einzelnes Steakmesser. Später stellte sich heraus, dass dieses Steakmesser noch Blutanhaftungen trug. Die Polizei identifizierte es als Tatwaffe. Der Griff trug Christina Ahlemanns Fingerspuren.

Auch der Abdruck auf dem Tischtuch in der Küche konnte nun geklärt werden. Es zeigte die Umrisse des Steakmessers.

Seit ihrer Verhaftung bestreitet Christina Ahlemann jegliche Schuld. So war Kriminaloberkommissar Schuster darauf angewiesen, die Tat so genau wie möglich zu rekonstruieren.

Anhand der Spurenlage stellte Schuster folgende Theorie auf: Christina Ahlemann wusste, dass ihr Mann jeden Abend ein Schlafmittel nahm, wollte aber ganz sicher gehen, dass er nicht von den Schreien seiner Tochter geweckt wurde.

Sie wartete, bis die ganze Familie schlief und ging zu ihrem Mann ins Arbeitszimmer, wo sie ihm die Kehle durchschnitt. Dann ging sie in das Zimmer ihrer Stieftochter und stach wie im Blutrausch mehrfach auf das verhasste Kind ein. Der Rechtsmediziner vermutete, dass das Mädchen sich schwer verletzt aus dem Bett gerollt hatte, um zu fliehen. Christina Ahlemann stach jedoch noch weiter auf das sterbende Kind ein.

Dann wechselte sie das Nachthemd und legte sich ins Bett. Hier fügte sie sich selbst Schnittwunden zu, um ihre Behauptung, sie sei überfallen worden, zu untermauern.

Daraufhin begab sie sich in die Küche, wo sie zunächst das Messer auf den Tisch legte, während sie sich selbst wusch. Danach nahm sie das Messer, reinigte es unter fließendem Wasser und legte es anschließend in die Spülmaschine. Das Blut, das von ihrem Körper auf den Boden tropfte, wischte sie auf. Dann holte sie ihr Baby und lief schreiend aus der Wohnung.

Das Gericht konnte über das Motiv nur mutmaßen. Wahrscheinlich hatte sie Michael Ahlemann nur wegen seines Geldes geheiratet. Als das nicht mehr floss, beschloss sie, ihn und seine Tochter umzubringen. Ihn, um sich eine hässliche Scheidung zu ersparen. Das Kind aus purem Hass.

Der Gutachter bestätigte ihre Schuldfähigkeit, aber auch eine enorme Gefühlskälte. Sie wurde zu lebenslanger Haft verurteilt. Das Kind lebt heute bei Adoptiveltern.

Es wird nie etwas von dem Drama und der Tat seiner Mutter erfahren.

12. Kapitel

Wenn Mord unentdeckt bleibt
Gifte und Medikamente

Mord und Mordversuche durch Gifte und Medikamente haben in der Kriminalliteratur eine lange Tradition. So manches Opfer wurde mit Arsen dahingemeuchelt oder mit dem Schlafmittel *Laudanum* ins Jenseits befördert. Arsen wurde ursprünglich dazu benutzt, Ratten den Garaus zu machen, und war frei verkäuflich; *Laudanum* sollte eigentlich nur einen ruhigen Schlaf garantieren.

Lange Zeit galt Gift als typische *Frauenwaffe*. Wer also in früherer Zeit als Frau seinen Gatten ins Jenseits befördern wollte, benutzte Gift. Männern traute man eher die handfeste Variante zu, also Stich- oder Schusswaffen. Heute ist diese Regel weitestgehend aufgehoben. Die Emanzipation macht auch vor Mord nicht halt. An Waffen kommt heute jeder heran und genügend Waffenträger sind eben auch weiblichen Geschlechts.

Eine Ausnahme gibt es allerdings immer noch. Die bevorzugte Art der Selbsttötung bei Frauen sind nach wie vor Medikamente und Gifte, während Männer sich eher erschießen oder erhängen.

Bis zu Beginn des 19. Jahrhunderts war es denkbar einfach, einen Mensch zu ermorden, wenn man sich eines Giftes bediente. Denn Giftmorde konnten bis zu diesem Zeitpunkt wissenschaftlich noch nicht nachgewiesen werden. Wer unter Schmerzen an einem Gift starb, dem attestierte der behandelnde Arzt ein Magenleiden – und damit war die Sache erledigt.

Erst Anfang des 19. Jahrhunderts machte der Gerichtsmediziner Mathieu Orfila, geboren 1787 auf Menorca, Furore, als er die *Toxikologie* begründete. Heute ist die Toxikologie, also die »Lehre von den giftigen Stoffen«, aus der Rechtsmedizin nicht mehr wegzudenken.

Bei dem Verdacht einer Vergiftung wird ein so genanntes toxikologisches Screening durchgeführt, mit dem das Blut eines Verstorbenen auf viele verschiedene Gifte und Medikamente getestet wird.

Eine große Zahl von Giften lässt sich in Haaren und Fingernägeln sowie in den inneren Organen nachweisen. So ist etwa Arsen noch nach Monaten in den Fingernägeln zu finden. Schon bei dem Auffinden einer Leiche können sich daher erste Hinweise auf Vergiftungen ergeben.

Bei Zyankali-Vergiftung soll, laut Kriminalliteratur, ein Bittermandelgeruch aus dem Mund wahrnehmbar sein. Theoretisch ist das auch so, aber nur sehr wenige Menschen haben einen derart feinen Geruchssinn, dass sie das auch tatsächlich bemerken.

Weiße Ränder auf den Fingernägeln oder starker Haarausfall deuten auf eine Vergiftung durch Thallium oder Arsen hin.

Kirschrote Totenflecken lassen vermuten, dass die Person mit Gas oder Auspuffgasen vergiftet wurde. Aber hier kann der Schein trügen: Bei tiefen Temperaturen verfärben sich die Leichenflecken hellrot.

> Was sollte man bei einer unabsichtlichen Vergiftung tun, oder dann, wenn ein Fall von Selbstvergiftung entdeckt wird?
> Zuerst muss sofort ein Arzt gerufen und mit allen verfügbaren Informationen über die mögliche Vergiftungsursache versorgt werden.
> Bis der Arzt eintrifft, bringt man den Patienten in die stabile Seitenlage, um die Atem- und Kreislauffunktion zu unterstützen. Bei Atemstillstand sollte das Opfer künstlich beatmet, bei Herzstillstand das Herz massiert werden.
> Hat das Vergiftungsopfer eine gefährliche Substanz geschluckt, muss in manchen Fällen das Erbrechen herbeigeführt werden (dem Patienten einen halben Liter Wasser einflößen, danach den Rachen stimulieren und den Bauch pressen, bis sich der Patient übergibt). Dies gilt nicht, wenn das Opfer bereits bewusstlos ist oder es sich bei dem Gift um Benzin oder Waschmittel handelt.
> Fragen Sie in jedem Fall Ihren Arzt oder rufen Sie eine der Giftnotrufzentralen an.
> Um Unfälle zu verhüten, sollten Medikamente, Unkraut- und Insektenvertilgungsmittel sowie Waschmittel stets außer der Reichweite von Kindern aufbewahrt werden.

Vergiftungen durch Medikamente sind nicht so ohne weiteres *sichtbar*.

Eine Person, die sich mit Tabletten vergiften will, wirkt, bevor sie bewusstlos wird, eher wie ein Betrunkener. Mit Schlafmitteln Vergiftete übergeben sich oft, allerdings kann das auch einen anderen Grund haben, so dass man von Erbrochenem nicht gleich auf Medikamentenvergiftung schließen sollte.

Es gibt allerdings auch zahlreiche Medikamente, die sich nicht so ohne weiteres von dem normalen toxikologischen Screening erfassen lassen. Nach diesen Stoffen muss mit der passenden Methode gesucht werden, und das wiederum setzt einen bestimmten Verdacht voraus.

Andere Medikamente wiederum bauen sich so schnell im Körper ab, dass sie bei einer Obduktion nicht mehr nachweisbar sind. Die Dunkelziffer bei Vergiftungen ist daher sehr hoch.

Es gibt einen Spruch, den wohl mittlerweile jeder kennt: *Wenn auf einem Friedhof für jeden unentdeckten Mord auf einem Grab eine Kerze entzündet würde, so wäre der ganze Friedhof bei Nacht taghell erleuchtet.*

Das erscheint zunächst abstrus, aber was ist mit den Giftmorden, die nicht entdeckt werden, weil das Gift sozusagen »rechtmäßig« im Körper ist?

Bereits im 16. Jahrhundert bemerkte der Arzt Paracelsus: *Alle Dinge sind Gift. Und nichts ist ohne Gift. Allein die Dosis macht's, dass ein Ding Gift ist.*

Nehmen wir allein die körpereigenen Stoffe Adrenalin oder Insulin. Hier kann der Nachweis einer vorsätzlich herbeigeführten Vergiftung sehr schwer sein. Noch schwieriger wird es bei schwer kranken Menschen, die auf Medikamente angewiesen sind.

Wenn ein todkranker Mensch stirbt, kommt nur in den seltensten Fällen ein Mediziner auf die Idee, dass jemand »nachgeholfen« haben könnte. Aber wie oft schon hat ein Angehöriger vielleicht die Morphiumdosis bei einem Krebspatienten so erhöht, dass dieser starb? Ich glaube nicht, dass ich das wirklich wissen möchte.

Betrunken – oder vergiftet?

Das ungleiche Paar, das am Morgen des 25. September 2002 in die Polizeiwache Bargteheide östlich von Hamburg wankte, sorgte zunächst für Amüsement unter den übermüdeten Polizeibeamten.

Der eine der beiden Männer – wie sich später herausstellte, handelte es sich um einen Taxifahrer – stützte den anderen, der wie betrunken wirkte. Er war außerdem durchnässt (es hatte die ganze Nacht geregnet) und seine Kleidung war schmutzig, zum Teil sogar zerrissen.

Der Taxifahrer gab an, den Mann torkelnd und orientierungslos ein paar Kilometer entfernt an der Landstraße aufgegriffen zu haben. Der Mann wirkte verwirrt und wusste nicht, wie er dorthin gekommen war.

Der Wachhabende der Dienststelle, Martin Mooser, führte den Mann in einen Arztraum, wo er sich zunächst hinlegen konnte, bis der alarmierte Rettungswagen eintraf. Martin Mooser stellte nämlich fest, dass der Mann keineswegs betrunken war, zumindest roch sein Atem nicht nach Alkohol.

Nachdem er den Mann mit heißen Getränken und einer warmen Decke versorgt hatte, versuchte er mehr herauszufinden.

Der Mann hieß, eigenen Angaben zufolge, Matthias Kleinschmidt und war 35 Jahre alt. Er konnte sich jedoch nicht ausweisen. Er hatte keinerlei Personalpapiere und auch kein Geld bei sich.

Kleinschmidt erzählte, dass er am vergangenen Abend im Osten von Hamburg eine Diskothek besucht hatte. Da er mit dem Fahrzeug unterwegs gewesen sei, habe er keinen Alkohol zu sich genommen, sondern den ganzen Abend Cola getrunken. Er gab an, gegen 1.00 Uhr auf seine Armbanduhr geschaut zu haben, von da an jedoch wisse er nichts mehr.

Er sei plötzlich auf einem Feld nahe der Landstraße wach geworden, ohne zu wissen, wo er sich tatsächlich befand. Erst der Taxifahrer, der anhielt und ihm Hilfe anbot, habe ihm erklärt, dass er nicht mehr in Hamburg sei, sondern sich mittlerweile in Schleswig-Holstein befinde.

Seine Brieftasche, seine Armbanduhr und auch sein Geld waren verschwunden.

Mooser ließ den Mann ins Krankenhaus bringen und schrieb einen kleinen Aktenvermerk an die Kriminalpolizei, in dem er seiner Vermutung Ausdruck verlieh, dass Matthias Kleinschmidt vermutlich die Nacht durchgemacht hatte und sich einfach ohne eine angemessene Erklärung nicht nach Hause zu seiner Frau traute.

Der zuständige Sachbearbeiter bei der Kriminalpolizei, Markus Heester, nahm die Sache ein wenig ernster. Aufgrund der Tatsache, dass das Geld und die Brieftasche verschwunden waren, ging er von einer Straftat aus.

Zwei Tage später – Ermittlungen hatten ergeben, dass Kleinschmidt aus dem Krankenhaus nach Hause entlassen worden war – suchte er den Mann zu Hause auf. Kleinschmidt schien wieder vollständig hergestellt. Auch die Ärzte hatten weder Drogen noch Alkohol in seinem Blut gefunden.

Markus Heester ließ sich die Geschehnisse der Nacht noch einmal schildern.

Kleinschmidt erzählte, dass er, da seine Frau Nachtdienst verrichtete, am Abend des 24. September allein in eine Diskothek gegangen sei. Dabei handelte es sich um ein Lokal, das er des Öfteren mit seiner Frau oder Freunden aufsuchte. Auch an diesem Abend hatte er gehofft, jemanden aus seinem Bekanntenkreis dort zu treffen. Allerdings schien er dieses Mal dort kein bekanntes Gesicht zu sehen und er hatte sich schon überlegt, ob er wieder nach Hause fahren solle, als er von einer Frau angesprochen wurde. Da er jedoch das Gefühl hatte, dass diese Frau mehr von ihm wollte, als sich nur zu unterhalten, machte er ihr klar, dass er verheiratet und an einem sexuellen Abenteuer nicht interessiert sei. Er wollte nur noch austrinken und dann nach Hause fahren.

Kleinschmidt war sicher, dass es mittlerweile 1.00 Uhr morgens gewesen sein musste.

Als er wieder erwachte, fand er sich allein auf einem Acker. Was in der Zwischenzeit passiert war, konnte er nicht sagen.

Nachdem er aus dem Krankenhaus entlassen wurde, wollte er sein Fahrzeug vom Parkplatz der Diskothek abholen, musste allerdings feststellen, dass es mittlerweile gestohlen worden war. Er erstattete sofort Anzeige.

Markus Heester überprüfte Kleinschmidts Angaben und fand die Diebstahlsanzeige bestätigt. Er fragte ihn, ob er sich an die Frau erinnern könne.

Kleinschmidt gab an, dass sie sich ihm als »Veronika« vorgestellt habe, er könne sich an das Aussehen jedoch nicht erinnern, da es in der Diskothek sehr schummrig gewesen sei und er sich mit der Frau auch nicht weiter abgegeben habe, so dass er nur einen flüchtigen Eindruck zurückbehielt.

Er glaubte jedoch sagen zu können, dass die Frau blond gefärbte Haare hatte.

Für Heester war klar, dass er keine Zeugen würde auftreiben können. Eine Fahndung nach dem gestohlenen Fahrzeug verlief ebenfalls negativ.

Die gestohlenen Ausweispapiere und auch das Geld tauchten nicht wieder auf.

Heester ging davon aus, dass Kleinschmidt einer Bande von Räubern zum Opfer gefallen war, und dass das Fahrzeug sich mittlerweile auf den Weg nach Osteuropa befand.

Drei Wochen später wurde westlich von Hamburg an der Stadtgrenze zu Schleswig-Holstein eine männliche Leiche gefunden.

Der Tote, der keine Ausweispapiere und kein Geld bei sich trug, war etwa 50 Jahre alt und wies keinerlei Verletzungen auf.

Aufgrund einer Pressemitteilung der Polizei, stellte sich zwei Tage später die Identität des Mannes heraus: Es handelte sich um Johannes Melzer, 49 Jahre alt, geschieden.

Auf die Berichterstattung in der Presse meldete sich die Schwester des Toten, Angelika Melzer. Sie erzählte, dass ihr Bruder am 8. Oktober ein so genanntes *Blind date* hatte. Er habe sich auf eine Anzeige im Internet hin mit einer ihm völlig fremden Frau verabredet. Lediglich einen Vornamen habe er gegenüber seiner Schwester genannt, nämlich Camila. Seitdem hatte sie nichts mehr von ihm gehört.

Heester las von diesem Vorfall und setzte sich mit den Kollegen in Bargteheide in Verbindung, denn er sah erstaunliche Parallelen zu dem Fall, den er bearbeitet hatte. Es stellte sich heraus, das auch Melzers Fahrzeug unauffindbar war.

Im Bericht der Rechtsmedizin fand sich nichts, was auf seinen gewaltsamen Tod schließen ließ. Melzer hatte zwar Alkohol im Blut, aber er entsprach ungefähr einer Menge von zwei Bieren. Eine Alkoholvergiftung schied somit aus. Drogen oder Medikamente wurden nicht gefunden. Die vermutliche Todesursache lautete: Herzversagen.

Die einzige Spur ergab sich aus der Tatsache, dass beide Männer, Matthias Kleinschmidt wie auch Johannes Melzer, Kontakt zu einer fremden Frau gehabt hatten.

Allerdings schien es sich um zwei verschiedene Personen zu handeln.

Die Pinneberger Polizisten stellten Melzers Computer sicher und werteten die Daten aus. Sie konnten zwar nachweisen, in welchem Internetforum sich Melzer zuletzt aufgehalten hatte, und fanden auch die getroffene Verabredung, nur hatte die Frau vor den Vornamen Camila das Wort »Gast« geschrieben und sich so in das betreffende Forum eingeloggt.

Der hinzugezogene Computerexperte machte klar, dass es daher keine Möglichkeit gab herauszufinden, wer sich hinter diesem Namen verbarg. Aufgrund der Tatsache, dass sich die gesuchte Frau als Gast eingeloggt hatte, konnte kein Absender ermittelt werden.

Die vermeindlich heiße Spur verlief im Sande.

Heester und seine Kollegen waren jedoch davon überzeugt, dass Drogen im Spiel gewesen sein mussten, nicht zuletzt deshalb, weil das erste Opfer keine Erinnerungen mehr hatte.

Nach Rücksprache mit der Rechtsmedizin stand andererseits fest, dass diese Vermutung nicht so leicht zu beweisen war.

Das allgemeine toxikologische Screening, das die wichtigsten Gifte und Medikamente erfasste, hatte nichts erbracht, und es gab zu viele Möglichkeiten, als dass man alle hätte testen können. Der Mediziner räumte jedoch ein, dass er so genannte K.O.-Tropfen vermutete. Allerdings hatte er keine Ahnung, woraus sie bestanden. Auch hier gab es zu viele Möglichkeiten.

Während es also im ersten Fall »nur« um schwere Körperverletzung ging, handelte es sich im zweiten zumindest um fahrlässige Tötung.

Die ganze Sache bekam eine neue Qualität.

Drei Tage später kam Kommissar Zufall zur Hilfe.

Ein junger Mann, Andreas Baltus, wurde im Rahmen einer Verkehrskontrolle von der Polizei angehalten. Das Fahrzeug, das er fuhr, trug rote Kennzeichen. Anhand der

Kennung war klar, dass sie vom Verkehrsamt ausgegeben worden waren. Die Polizeibeamten überprüften das Fahrzeug genauer und stellten mittels Fahrgestellnummer fest, dass das Fahrzeug als gestohlen gemeldet war. Das Fahrzeug gehörte Johannes Melzer. Andreas Baltus wurde festgenommen.

Da das gestohlene Fahrzeug im Zusammenhang mit einem Todesfall stand, übernahmen die Kollegen in Pinneberg, die auch für den Fall Melzer zuständig waren, die Ermittlungen und zogen den Beamten Markus Heester mit hinzu.

Baltus beteuerte in seiner Vernehmung, dass er weder mit dem Diebstahl noch mit dem Tod des Eigentümers etwas zu tun habe. Nach langem Zögern gab er zu, dass er das Fahrzeug auf einem der illegalen Automärkte im Osten von Hamburg gekauft habe. Daher hatte er sich auch rote Kennzeichen besorgt, um mit dem Fahrzeug für die Anmeldung zum Verkehrsamt fahren zu können.

Er gab an, das Fahrzeug von zwei Frauen gekauft zu haben, die ihm erzählt hätten, dass das Auto ihrem verstorbenen Onkel gehört habe, und sie es einfach nur loswerden wollten.

Baltus konnte die beiden Frauen gut beschreiben und nach einem Blick in die Verbrecherkartei konnte er zumindest eine von ihnen identifizieren: Camila Gerster.

Camila Gerster war den Beamten in Hamburg und auch in Schleswig-Holstein bereits bekannt. Es handelte sich um eine Prostituierte, die zeitweise, wenn die »Geschäfte« nicht so gut liefen, auch mit Drogen handelte.

Camila Gerster wurde noch am selben Tag in ihrer Wohnung festgenommen.

Man fand bei ihr die Ausweispapiere der beiden Opfer Matthias Kleinschmidt und Johannes Melzer sowie ein Medikament, dem die Beamten zunächst keine Aufmerksamkeit schenkten.

Sie gab zu, beide Fahrzeuge verkauft zu haben. Das Auto von Kleinschmidt hatte sie einem Bekannten überlassen, der es in Osteuropa verkaufen wollte. Das Fahrzeug von Melzer hatte sie selbst, da es nur von geringem Wert war, auf dem besagten Automarkt losgeschlagen.

Auf die beiden Fahrzeugeigentümer angesprochen, behauptete sie, nichts mit den Vorfällen zu tun gehabt zu haben.

Erst als man ihr erzählte, dass Melzer tot war, brach sie zusammen.

Allerdings behauptete sie, »die Sache mit den Tabletten« sei nicht ihre Idee gewesen. Die Idee stamme von ihrer Freundin Veronika Carstens.

Damit war auch die zweite Frau identifiziert.

Nach einigen Stunden der Vernehmung ergab sich folgendes Bild:

Beide Frauen waren pleite und auf der Suche nach einer Einnahmequelle.

Sie beschlossen, sich in Diskotheken an Männer heranzumachen, um diese dann auszurauben. Die Idee mit den Fahrzeugen sei erst später, sozusagen »spontan«, entstanden.

So gingen sie also eines Abends los und suchten nach geeigneten Opfern. Es sollten Männer sein, die augenscheinlich ohne Begleitung waren.

Der erste Versuch ging schief. Der Mann, auf den sie es abgesehen hatten, ließ sich, nachdem er aus der schummrigen Diskothek gelockt worden war, von den beiden Frauen nicht überwältigen. Nach einem kurzen Gerangel ergriffen die beiden Frauen die Flucht.

Veronika sei dann auf die Idee gekommen, die Männer mit einem Medikament zu betäuben.

Als Camila Gerster bei diesem Teil der Geschichte angekommen war, erinnerte sich einer der Beamten an das von

> Jeder weiß um die Gefährlichkeit von Medikamenten. Niemand würde freiwillig Gift, etwa Zyankali, zu sich nehmen. Oder doch?
> Wir erinnern uns: Ein schwacher Geruch nach Bittermandeln verrät uns das Gift. Trotz allem nehmen viele von uns Cyanid zu sich, wenn sie beispielsweise die Kerne eines Apfels verschlucken. Auch die Kerne des Pfirsichs enthalten Cyanid.
> Also Vorsicht beim Verzehr oder Einkochen! Auch wenn der Cyanidgehalt in den Kernen gering ist, sollte man sie nicht hinunterschlucken.
> Wenn man weiß, was Cyanid im Blut bewirkt, kommt man auch gar nicht mehr auf die Idee, die Kerne eines Apfels mitzuessen. Denn Cyanid hindert die Zellen an der Sauerstoffaufnahme.

ihm gefundenen Medikament und betrachtete es näher. Es handelte sich um ein Psychopharmakon, das in der Psychiatrie Anwendung findet.

Camila Gerster fuhr in ihrer Aussage fort. Veronika Carstens hatte behauptet, dass dieses Mittel in einer bestimmten, genau bemessenen Dosierung die Opfer völlig »willenlos« mache.

Wieder gingen die beiden Frauen los und hatten dieses Mal mehr Glück. Veronika traf auf Matthias Kleinschmidt und mischte heimlich das Medikament in seine Cola. Der Mann wurde dann zu einem Fahrzeug gebracht, in dem die Komplizin wartete, und entführt. An einer ruhigen Stelle außerhalb der Stadt wurde das Opfer ausgeraubt und aus dem Fahrzeug gestoßen. Die Täterinnen fuhren anschließend zurück, holten das Auto des Mannes und verschwanden.

Camila hatte die Idee, sich außerdem im Internet umzusehen und sich mit einem Mann zu verabreden, da sie das als weniger mühsam empfand, als abends nach Männern zu suchen. So traf sie in einem Forum auf Johannes Melzer.

Allerdings ergab sich bei dem zweiten Opfer ein Problem. Kaum dass er sich im Wagen der beiden Frauen befand, begann er zu röcheln und wurde ohnmächtig. Was beide Frauen nicht wussten: Das Medikament wirkt in falscher Dosierung im Zusammenspiel mit Alkohol tödlich. Melzer hatte zwei Gläser Bier getrunken.

Nach diesem Geständnis wurde auch Veronika Carstens festgenommen. Sie schweigt bis heute.

13. Kapitel
Psychologen erstellen ein Täterprofil
Profiling

Spätestens seit dem Film *Das Schweigen der Lämmer* hat jeder schon einmal etwas von *Profiling* gehört. In den vergangenen zwanzig Jahren hat diese Art der Ermittlung mehr und mehr an Wichtigkeit gewonnen und ist heute aus der modernen polizeilichen Arbeit nicht mehr wegzudenken.

Für die meisten Menschen hat das klassische Profiling seinen Ursprung in den USA, und zwar durch die FBI-Agenten John Douglas und Robert Ressler. Diese beiden Bundespolizisten führten Interviews mit inhaftierten Sexualmördern durch.

Bereits im Vorfeld hatte man ermittelt, dass es zwei Arten von Tätern gibt. Erstens die Sorte Täter, die ihre Taten bis in kleinste Detail planen, also *organisiert* sind, und zweitens die Personen, die eher impulsiv, also *desorganisiert* vorgehen.

Auslöser für das FBI-Projekt war die Tatsache, dass die amerikanischen Behörden zunehmend weniger Gewaltverbrechen aufklären konnten.

Bis zum Ende der 1960er Jahre gingen die Ermittlungsbehörden davon aus, dass die meisten Morde Beziehungstaten waren, das heißt, dass die Mörder aus dem engeren, vielleicht sogar familiären Umfeld des Opfers stammten. Ein Motiv war immer vorhanden, sei es das liebe Geld, Eifersucht, Rache oder ein anderer nahe liegender Grund.

Allerdings änderte sich das Bild: Immer mehr Morde, denen anscheinend kein Motiv zugrunde lag, wurden begangen. Es kristallisierten sich Serien heraus, die alle ein Muster aufzeigten. Opfer, die einander nie begegnet waren, schienen von ein und derselben Person getötet worden zu sein.

Die Behörden mussten umdenken. Das FBI gründete die *Behavioural Science Unit (BSU)*, die Abteilung für Verhaltensforschung. Die Interviews, die John Douglas

---

Serienmörder gehören zu der Kategorie der *Mehrfachmörder*. Man unterscheidet zwischen *Massenmördern*, *Amokläufern* (auch: Streukillern) und *Serienmördern*. Gemeinsam haben all diese Täter, dass es mindestens drei Opfer gibt.

Ein *Massenmord* findet an einer einzigen Örtlichkeit statt, also einem Tatort, und auch in einer einzigen Tat. Als Beispiele können Kriegsverbrechen dienen, bei denen wahllos eine gewissen Anzahl von Menschen getötet werden. Noch heute werden, etwa im ehemaligen Jugoslawien, Massengräber mit den Opfern solcher Taten gefunden.

Im Gegensatz hierzu steht der *Amokläufer*. Die Ursprünge dieses Begriffs finden sich Südostasien, wo dieses Verhalten durch Traditionen und bestimmte Wertvorstellungen gefördert wurde. Das Wort *Amok* wird abgeleitet aus dem malaiischen *amuk*, was so viel wie »Wut« bedeutet. Bei den Tätern handelt es sich vornehmlich um Männer, meist unter 35 Jahren. Fälle von weiblichen Amokläufern sind bislang nicht bekannt.

> Bei einem Amoklauf ist der Täter zwar während der Tatausführung ansprechbar, kann sich aber oft nach der Tat nicht mehr erinnern. Oft tötet sich der Amokläufer am Ende selbst. Die Gründe für das Verhalten liegen in aktuellen Problemen des Täters, also in familiären Schwierigkeiten, plötzlicher Arbeitslosigkeit und Ähnlichem.
> Beim Amoklauf gibt es ebenfalls mindestens drei Opfer, aber auch mindestens drei verschiedene Örtlichkeiten. Der Amoklauf wird nicht als *eine* Tat betrachtet.
> Bei Massenmördern und Amokläufern gibt es im Gegensatz zum Serienmörder keine »Cool-off-Phase«, in der der Morddrang zum Erliegen kommt, bis ein bestimmter Reiz ihn wieder weckt.
> Beim *Serienmörder* schließlich wird jede weitere Tat an einem neuen Tatort und zu einem anderen Zeitpunkt begangen. Von Serienmord wird erst dann gesprochen, wenn es mindestens drei Opfer gibt.

und Robert Ressler dort durchführten, basierten auf Fragebögen, die im Vorhinein zusammengestellt wurden. Dabei ging es nicht nur um die soziale Herkunft der Täter, sondern auch um Alter, Kindheitserlebnisse, Eltern, Schulbildung, Berufsausbildung und vieles andere mehr. Die Täter wurden außerdem zu ihren Gefühlen, ihrer Motivation und zu ihren Ängsten befragt. Gleichzeitig studierten die beiden Experten noch einmal die Gerichtsakten der Häftlinge, um sich mit den von ihnen begangenen Taten vertraut zu machen.

Hatte man bis dahin genau das Umfeld der Opfer untersucht, welche Feinde sie hatten, wer Vorteile aus ihrem Tod zog etc., begann man nun, sich mit Hilfe der Inhaftierten stärker um das Umfeld und das Leben der Täter zu kümmern.

Für damalige Verhältnisse zäumte man das Pferd von hinten auf. Es ging nicht nur darum, Gemeinsamkeiten bei den Opfern zu finden, die einzelnen Tatorte wurden ebenfalls aus einem neuen Blickwinkel betrachtet.

Hatte man bei der klassischen Tatortarbeit »handfeste« Spuren gesucht und gesammelt, um einen Täter zu überführen, wurde der Tatort nun *analysiert*.

Es wurde genau betrachtet, wie der Täter das Opfer hinterlassen hatte. Hatte der Täter ein Souvenir mitgehen lassen oder gar hinterlegt? Wo wurde das Opfer gefunden? Nach welchen Kriterien suchte der Täter den Tatort aus?

All diese Fragen waren vorher kaum beachtet worden.

Es wurde klar, dass man gegebene Tatsachen nicht unbedingt eins zu eins »übersetzen« konnte.

So ist es nicht als sicher zu erachten, dass ein Mann, der Prostituierte tötet, diese Frauen hasst. Es kann auch einfach sein, dass es einfacher für ihn ist, Prostituierte anzusprechen, und sie somit für ihn die leichtere Beute sind.

Aufgrund der Befragungen stellte sich plötzlich auch Querverbindungen heraus. So muss ein Serienbrandstifter nicht unbedingt jemand sein, der das Feuer liebt. Es ist durchaus möglich, dass die betreffende Person aus sexueller Frustration handelt.

Generell sind Serientäter in zwei Gruppen zu unterteilen, der *organisierte* und der *desorganisierte* Täter.

Der organisierte Täter trägt all seine negativen Gefühle, wie Angst und Wut, nach außen. Er ist aggressiv und bleibt bei seinen meist brutalen Handlungen immer der Überlegene. Er ist ein Unruhestifter, der sich oft prügelt oder im Freundes- und Kollegenkreis als Querulant gilt. Er lebt zwar häufig in einer festen Beziehung, seine Sexualpartner wechseln trotzdem recht oft.

Bei seinen ersten Taten handelt es sich meist um Brandstiftung und Tierquälerei. Er ist von Wut geprägt – nicht zuletzt gegen sich selbst. Er wird sich immer Opfer suchen, die ihm unterlegen sind und die er daher beherrscht.

Nichtsdestotrotz zeigt er ein offenes Wesen gegenüber anderen Menschen und ist durchaus in der Lage, andere für sich einzunehmen, allerdings nur um sie dann zu manipulieren. Es ist ihm völlig gleich, was andere von ihm halten. Dieser Tätertyp ist derart von sich überzeugt, dass er der Meinung ist, nie gefasst zu werden.

Der organisierte Täter ist in der Lage, sich jeder Situation anzupassen. Er lernt bei jedem Verbrechen dazu und macht auf diese Weise selten einen Fehler zweimal. Seine Methoden werden ausgefeilter – hat er zu Beginn seiner Taten noch einen recht kleinen Aktionsradius, so vergrößert sich dieser mit jeder neuen Tat. Das setzt eine gewisse Mobilität voraus, was bedeutet, dass er im Besitz eines Fahrzeuges ist.

Ganz wichtig bei der Planung seiner Taten ist die Auswahl der Opfer. So wird der organisierte Täter bestimmte Plätze nach dem von ihm bevorzugten Typ absuchen. Das kann alles sein: Supermärkte, Spielhallen, Kinderspielplätze, Einkaufszentren und so weiter.

Dem organisierten Täter ist es wichtig, dass er auch während der Tat den Kontakt zu seinen Opfern hält. Das heißt, dass er durchaus das Gespräch mit dem Opfer sucht, es aber immer kontrollieren wollen wird.

Insofern verlangt er eine »aktive Teilnahme« des Opfers an der Tat. Ein schweigendes Opfer fordert den Täter sozusagen zum Kampf heraus, er wird alles tun, damit das Opfer nicht mehr schweigt. Redet das Opfer, wenn es beispielsweise um sein Leben bittet, setzt es sich in den Augen des Täters herab und wird wertlos.

Er *personifiziert* das Opfer.

Während der Tatbegehung steht der Täter meist unter Alkohol- oder Drogeneinfluss, hat aber trotz allem die Kontrolle. Oft werden vor der Tötung sexuelle Handlungen an dem Opfer durchgeführt. Die Tötungshandlung an sich ist der Ausbruch der negativen Gefühle des Täters. Er reagiert sich ab.

Das Opfer wird vom Täter nach dem Verbrechen in den meisten Fällen versteckt, und zwar an einem Ort, der von ihm im Vorfeld sorgfältig ausgesucht wurde. So stehen die Ermittler oft vor dem Problem, dass das Opfer an einem anderen Ort und nicht dort, wo es letztendlich gefunden wird, getötet wurde.

Der Täter wird öfter an den Ort zurückkehren, an dem er sein Opfer zurückgelassen hat. Dabei will er herausfinden, ob jemand die Leiche bereits entdeckt hat. Er entwickelt ein gesteigertes Interesse an den Medienberichten über seine Tat. Es ist in der Vergangenheit auch vorgekommen, dass sich der Täter als anonymer Anrufer bei der Polizei meldete, um etwas über den Stand der Ermittlungen zu erfahren.

Der Täter führt seine Waffen oder sein Fesselungsmaterial fast immer bei sich. Er nimmt oft Souvenirs in Form einer Trophäe mit. Dabei handelt es sich um etwas Persönliches vom Opfer. Das kann eine Haarspange, ein Ohrring oder eine Haarsträhne sein.

Die Kindheit dieses Tätertyps ist unspektakulär, das heißt, Misshandlungen sind nicht zu beobachten, beide Elternteile sind vorhanden, Arbeitslosigkeit oder Alkoholismus kommen in den Familien generell nicht vor. Der organisierte Täter hat einen hohen, teilweise überdurchschnittlich hohen IQ. Der IQ des amerikanischen Serienkillers Ted Bundy, der in den 1970er Jahren vermutlich 36

Frauen getötet hat, lag beispielsweise bei 160. Der organisierte Täter hat fast immer eine Berufsausbildung und eine feste Anstellung.

Seinen Taten geht oftmals eine Stresssituation voraus, also Eheprobleme, Ärger im Beruf und Ähnliches. Der Wunsch zu töten wird dadurch beschleunigt.

Bei dem desorganisierten Täter sind die negativen Gefühle die gleichen, jedoch trägt er sie nicht nach außen, sondern frisst sie in sich hinein, was wiederum zur Folge hat, das er sich von anderen Menschen isoliert. Er ist also ein Außenseiter.

Dieser Tätertyp behält seit Kindestagen alles für sich und lernt nie, mit seinen Gefühlen umzugehen. Meist bezieht er alles Negative auf sich, auch wenn das nicht der Fall ist. Das führt dazu, dass er davon ausgeht, dass die Gesellschaft ihn ablehnt, was wiederum zur Folge hat, dass er die Gesellschaft ablehnt.

Ein desorganisierter Täter wird sich immer gegen Schwächere wenden, das heißt, seine Aggressionen richten sich gegen alte Menschen, Tiere oder Kinder.

Nach außen vermittelt er das Bild eines netten und höflichen, wenn auch etwas schüchternen Menschen, der anderen nie auffällig entgegentritt. Aufgrund seiner selbst gewählten Außenseiterrolle gibt es in seinem Leben keine intimen oder gar sexuellen Beziehungen. Es bleiben ihm dann nur Ersatzhandlungen, wie beispielsweise Voyeurismus. Er lebt im Allgemeinen allein oder im günstigsten Fall mit einem Elternteil zusammen. Allerdings gibt es auch eine Gemeinsamkeit mit dem organisierten Täter. Der unorganisierte Tätertyp ist ebenfalls ein Störenfried und findet deshalb auch keinen Zugang zu Arbeitskollegen.

Seine Verbrechen werden an Opfern begangen, die dem Täter bekannt sind. Auch die Tatorte sind ihm bekannt. Allerdings tritt er, im Gegensatz zum organisierten Täter, seinen künftigen Opfern nicht offen gegenüber, sondern überfällt sie aus dem Hinterhalt. Er sucht die sofortige Nähe zu einer Frau. Sexuelle Erregung ist ein wichtiger Impuls für die Tatbegehung. Komplizierte Entscheidungen meidet er. So macht er keine exakten Pläne, wo und wie er die Leiche versteckt, und trifft keine Vorkehrungen, um der Entdeckung zu entgehen.

Während der organisierte Täter sich bei seinen Opfern einschmeichelt, schlägt der desorganisierte Täter unvermittelt zu, und zwar mit physischer Gewalt. Die Opfer haben somit keine Chance, sich zu wehren.

Der desorganisierte Täter hat nie gelernt, sich selbst zu kontrollieren, und glaubt, nur durch den Mord seine Frustration, seinen Stress und seine Komplexe abarbeiten zu können. Seine Triebe und Bedürfnisse brechen sich damit ungehindert Bahn.

Der entscheidende Punkt ist jedoch die Entpersonalisierung der Frau.

Dieser Täter wird jedes Gespräch, jede Art der Kommunikation vermeiden, weil er nicht zulassen will, dass das Opfer als Person Gestalt annimmt. Die Reaktionen des Opfers haben daher keinerlei Einfluss auf die Art seiner Tatbegehung. Daher schlägt er das Opfer entweder bewusstlos oder er deckt ihm das Gesicht ab.

Das Opfer, meist eine Frau, ist somit eine, wie von ihm gewünscht, wehrlose Beute ohne Persönlichkeit und hat allenfalls den Status eines Werkzeugs. Der »unorganisierte« Täter verstümmelt seine Opfer, vor allen Dingen im Genital- und Brustbereich. Experten sprechen hier von *Übertötung*.

Der Tatort findet sich oft im direkten Umfeld des Opfers und wirkt chaotisch.

Es finden sich diverse Spuren, auch Sperma.

Da der Täter zu keiner normalen sexuellen Handlung fähig ist und er bereits im Vorfeld hierfür Ersatzhandlungen gefunden hat, finden sich die Spermaspuren nicht im Genitalbereich und lassen ferner den Schluss zu, dass allein die Tötungshandlung die sexuelle Befriedung verschafft. Die eigentliche sexuelle Handlung ist oftmals die Masturbation.

Sexuelle Handlungen werden, wenn überhaupt, erst nach der Tötung an dem Opfer vorgenommen. Auch Schändungen, also das Einführen von Gegenständen in die Vagina, sind keine Seltenheit.

Die Tötungshandlung wird mit Mitteln vorgenommen, die sich am Tatort finden und die dort auch zurückgelassen werden, also zum Beispiel eine Strangulierung mit dem BH, das Ertränken in der Badewanne, das Ermorden mittels Steinen oder Stichwaffen.

Die Leiche wird einfach zurückgelassen, ohne sie zu verbergen oder gar »künstlerisch« zu drapieren. Genau wie der organisierte Täter behält auch der zweite Tätertyp häufig ein Souvenir. Dies kann aber auch ein Körperteil sein. Er braucht es, um seine Fantasien zu einem späteren Zeitpunkt aufleben zu lassen.

Der desorganisierte Täter kehrt gelegentlich an den Tatort zurück. Dies benötigt er, um das Erlebnis noch einmal spüren. Dabei kann es vorkommen, dass er weitere Verstümmelungen an dem Opfer vornimmt.

Dieser zweite Tätertyp ist im Vergleich zum organisierten Täter schwach bis durchschnittlich intelligent und verfügt nur über eine mäßig ausgeprägte soziale Kompetenz.

Er hat meist keine Berufsausbildung und oft auch keine feste Arbeitsstelle. Trotz allem legt er Wert auf Beständigkeit in seinem Leben. Er wird feste Gewohnheiten haben, die er zu ändern nicht bereit ist.

Oftmals setzt sich bereits hier ein Muster durch. Entweder war bereits der Vater arbeitslos oder er hat oft seine Arbeitsstellen gewechselt.

Wenn dieser Tätertyp Geschwister hat, dann ist er der Jüngste. Seine familiäre Situation war als Kind geprägt von Gewalt und schlechten Erfahrungen mit den Eltern. Einen Halt hat er nie gefunden.

Der desorganisierte Täter ist ängstlich im Umgang mit anderen Menschen. Daher ist es normal, dass er während der Tatausführung nervös und unkontrolliert ist.

Er steht während der Tat nie unter Einfluss alkoholischer Getränke.

Anders als der organisierte Täter, ist er nicht sehr mobil. Er verfügt wahrscheinlich nicht über ein eigenes Auto. Daher kann man davon ausgehen, dass sein Wohnort in unmittelbarer Nähe des Tatorts liegt.

Dies ist eine grobe Unterscheidung der zwei Tätertypen, aber auch hier ist Vorsicht geboten.

Wenn ein Täter zunächst ein desorganisierter Täter ist, ist es möglich, dass er zum organisierten Täter mutiert. Er lernt mit jeder Tat dau und wird im Umgang mit seinen Taten sicherer.

Profil: sexuelle Inkompetenz

Die nackte Leiche von Susanne Berger wurde am 13. Dezember nachmittags um 17.00 Uhr von einer Nachbarin in der Waschküche des Mehrfamilienhauses in München gefunden.

Als Kriminalkommissar Winfried Scheibner eintraf, bot sich ihm ein Bild des Schreckens: Die junge Frau lag nackt mit gespreizten Beinen auf dem kalten Betonboden. Der Täter hatte ihr den Pullover über den Kopf gezogen. Um ihren Hals war ihr eigener BH geknotet.

Ihr Höschen war über einen Fuß gezogen, über den anderen Fuß war, nur bis zu dem Zehen, eine Socke gestülpt. Die andere Socke und die Jeans lagen zusammengeknüllt in einer Ecke.

Ihr Körper war übersät mit Blutergüssen, die Brüste waren verstümmelt.

Das Gesicht war mit brutaler Gewalt zerschlagen worden. Gesichtszüge konnte Winfried Scheibner nicht mehr erkennen. Ein Ohrring steckte im linken Ohrläppchen, der andere war verschwunden.

Aus der Vagina der Toten ragte ein Besenstiel.

Scheibner wandte sich ab und ließ die Spurensicherung ihre Arbeit tun. Er selbst kümmerte sich um die Befragung der fünf weiteren Bewohner des Hauses.

Das allerdings brachte ihn nicht weiter. Alle Bewohner gaben an, den ganzen Tag aus beruflichen Gründen außer Haus gewesen zu sein. Auch über Susanne Berger wussten die Leute nicht viel.

Die Wohnung Susanne Bergers war eher unauffällig. Nichts deutete darauf hin, dass sie hier überfallen worden war. Scheibner erinnerte sich daran, dass er neben der Leiche einen vollen Wäschekorb gesehen hatte. Es schien, als sei sie ihrem Mörder im Wäschekeller, als sie die Wäsche aufhängen wollte, begegnet.

Auch die Anwohner aus dem angrenzenden Mietshaus hatten nichts gehört.

Der Mörder wurde mehr und mehr zu einem Phantom.

Während die Leiche in der Rechtsmedizin obduziert wurde, überprüfte Scheibner die Alibis der Bewohner und fand sie bestätigt.

Es war klar, dass es sich hier nicht um einen Mord im Affekt handelte. Eine Beziehungstat schied für Scheibner also aus.

Mit Entsetzen las er den Bericht des Rechtsmediziners. Dieser hatte herausgefunden, dass die Frau mit ihrem eigenen Büstenhalter stranguliert worden war. Vorher allerdings sei sie bereits bewusstlos gewesen. Der Täter habe mehrfach auf das Gesicht eingeschlagen und ihr dabei den Kiefer, die Nase und die Jochbeine gebrochen. Außerdem wies sie einen Schädelbruch auf, der von einer Verletzung herrührte, die ihr am Hinterkopf zugefügt worden war. Auf dem Bauch der Toten fand sich getrocknetes Sperma und in ihrer Scheide steckte der abgebrochene Stil eines Besens.

Ihr ganzer Körper war mit Prellungen übersät, zum Teil auch mit Bisswunden.

Die Tatzeit war nach Auskunft des Mediziners der 13. September zwischen 7.30 Uhr und 9.00 Uhr. Winfried Scheibner befürchtete, dass die Tat von einem Serienmörder begangen worden war, und beschloss daher, einen Psychologen hinzuzuziehen.

Ann-Katrin Mackowiak, ihres Zeichens Kriminalpsychologin, nahm sich des Falles an. Gemeinsam mit Winfried Scheibner betrachtete sie noch einmal die Tatortfotos sowie die Berichte der Spurensicherung und des Rechtsmediziners. Sie kam aufgrund des Befundes zu dem Schluss, dass es sich bei dem Mord um eine sexuell motivierte Einzeltat handelte. Die Psychologin schloss allerdings nicht aus, dass diese Tat möglicherweise der Beginn einer Serie weiterer Verbrechen darstellte.

Das Opfer war eine junge Frau, die erst wenige Wochen zuvor in das Haus gezogen war. Sie hatte keine Bekannten und erhielt auch wenig Besuch, das heißt, sie lebte sehr zurückgezogen. Außerdem galt sie bei den Bewohnern des Hauses als schüchtern. Sie war eine zierliche Person gewesen und nach allgemeinem Dafürhalten nicht sonderlich attraktiv. Nach allem, was man von ihr wusste, war sie eher passiv und leicht zu beeinflussen.

Ihr Lebensstil wie auch die Wahl ihres Wohnortes stellte für sie eigentlich kein Risiko dar, mögliches Opfer eines Gewaltverbrechens zu werden. Bei der Wohngegend handelte es sich um ein ruhiges Viertel, das von mittelständischen Familien bewohnt wurde und in dem Gewaltkriminalität keine Rolle spielte.

Der Täter hingegen war ein sehr großes Risiko bei seiner Tat eingegangen. Er führte die Tat am Tage aus und lief damit Gefahr, von anderen Personen gestört zu werden.

Der Zeitfaktor spielte ebenfalls eine große Rolle. Der Täter entkleidete die Frau und verstümmelte sie nach dem Tod. Dann schändete er die Leiche. All dies sind Handlungen, die eine gewisse Zeit in Anspruch nehmen.

Dies ließ den Schluss zu, dass die Umgebung dem Täter bekannt war und er wusste, dass zu dem von ihm gewählten Zeitpunkt niemand im Haus sein würde.

Ann-Katrin Mackowiak ging daher davon aus, dass es sich um einen desorganisierten Täter handelte.

Das Tatwerkzeug, der Büstenhalter, mit dem das Opfer erdrosselt wurde, stammte vom Opfer selbst. Der Besenstiel, der in ihrer Vagina steckte, stammte aus der Waschküche. Der Täter hatte nichts mitgebracht, um sein Opfer zu fesseln oder zu knebeln. Es war davon auszugehen, dass der Täter das Verbrechen überhaupt nicht geplant und auch sein Opfer überraschend getroffen hatte. Die Leiche Susanne Bergers wies keinerlei Kampfspuren auf. Auch hatten die Nachbarn des angrenzenden Hauses keine Schreie gehört. Schreie aus einem Keller tragen weit und wären mit Sicherheit bemerkt worden. Das konnte nur bedeuten, dass Susanne Berger nicht gekämpft oder geschrien hatte, weil sie den Täter kannte oder ihn vorher schon einmal gesehen hatte und sich somit nicht bedroht fühlte.

Ann-Katrin Mackowiak versuchte den zeitlichen Ablauf zu rekonstruieren: Der Täter schlug das Opfer zunächst bewusstlos und entkleidete es dann. Möglicherweise tötete er Susanne Berger gleich darauf. Danach verstümmelte er ihre Brüste und schändete die Leiche mit einem Besenstiel.

Mit den Verstümmelungen und der Schändung lebte er seine Fantasien aus. Nach Abschluss der Tat masturbierte er. Aufgrund seiner von Mackowiak vermuteten sexuellen Inkompetenz hat er sein Opfer nicht vergewaltigt.

Zusammengenommen bedeutete das, die Tat musste eine beträchtliche Zeit in Anspruch genommen haben. Der Täter war sich offenbar sicher, dass er nicht gestört oder gar gesehen werden konnte. Außerdem lag der Tatzeitpunkt zwischen 7.30 Uhr und 9.00 Uhr. Das konnte nur bedeuten, dass der Täter einen Grund hatte, dort zu sein. Also wohnte er entweder im Haus oder er hatte dort zu tun. Da es niemand der Hausbewohner war, konnte nur die zweite Möglichkeit zutreffen. Es musste jemand sein, der ungehindert Zugang zum Haus hatte.

Die Tatsache, dass der Mörder sein Opfer mit gespreizten Beinen zurückließ und auch versucht hatte, die Frau lächerlich aussehen zu lassen (Socken und Höschen über die Füße gezogen), zeigte den Kriminalisten, dass der Täter sein Opfer entwürdigen wollte. Daraus folgerte Ann-Katrin Mackowiak, dass der Mörder keinerlei Reue oder Bedauern aufbrachte.

Die Kriminalpsychologin Mackowiak beschrieb den Täter schließlich wie folgt: Er musste 27 bis 30 Jahre alt sein, und er war höchstens durchschnittlich intelligent. Vermutlich hatte er keine abgeschlossene Schulausbildung. Er war ein eher unauffälliger Typ – entweder Arbeiter oder Hilfskraft mit öfter wechselnden Arbeitsstellen. Er hatte wohl nicht unter dem Einfluss alkoholischer Getränke gestanden, dagegen sprach die Tatzeit am frühen Morgen.

Der Täter habe erhebliche Probleme mit Beziehungen, besonders zu Frauen, und suche sich nur solche aus, die er kontrollieren oder dominieren könne. Wenn er sich mit Frauen treffe, dann nur mit jüngeren.

Sexuell sei er unerfahren und er habe keine feste Beziehung. Wahrscheinlich sammelte er pornographische und/oder Gewaltvideos.

Der Besenstiel in der Vagina wie auch die Masturbation auf den Körper des Opfers zeigten seine sadistischen Neigungen.

Wahrscheinlich hatte er sein Opfer bewusstlos geschlagen, um zu verhindern, dass es irgendeine Art der Kommunikation zu ihm fand. Der andere Grund war eher praktischer Natur: Er wollte nicht gefasst werden, wenn sein Opfer um Hilfe schrie.

Die Handlungen, die er an dem toten Körper vorgenommen hatte, zeigten, dass er nicht in der Lage war, adäquat mit Menschen umzugehen.

Der fehlende Ohrring, der sich weder in der Wohnung des Opfers noch am Tatort gefunden hatte, war wahrscheinlich von dem Täter mitgenommen worden. Er brauche ein Souvenir, um sich bei Bedarf immer wieder an die Tat zu erinnern und die erlebten Gefühle noch einmal zu erfahren.

Er musste ein zutiefst verwirrter, sadistisch veranlagter Mensch sein, der bereits in frühester Jugend unter psychischen Störungen gelitten hatte.

Möglicherweise würde er sich in irgendeiner Form an die Polizei wenden, unter dem Vorwand helfen zu wollen. Allerdings wolle er tatsächlich nur den Stand der Ermittlungen wissen.

Mit dem, was Winfried Scheibner von der Psychologin über das Täterprofil erfahren hatte, begann er eine erneute Suche nach Verdächtigen.

Die Kriminalpsychologin hatte gemutmaßt, dass es sich um jemanden handeln musste, der Zugang zu dem Haus hatte.

Zuerst fiel Scheibner der Postbote ein. Die Bewohner des Hauses teilten ihm mit, dass der Postbote schon seit einigen Jahren für das Haus zuständig sei. Scheibner erkundigte sich bei der zuständigen Dienststelle der Post und erfuhr, dass der betreffende Postzusteller seine Tour wie üblich ohne Verzögerung absolviert hatte. Aufgrund des zeitlichen Faktors der Tat kam er nicht mehr in Betracht. Außerdem war der Mann bereits über vierzig Jahre alt und passte somit nicht in das von Ann-Katrin Mackowiak erstellte Profil.

Von dem Vermieter des Hauses erfuhr er, dass es einen Hausmeisterdienst gab, der sich um die Belange des Hauses kümmere. Die Mitarbeiter der Firma erledigten kleinere Reparaturen und versorgten das Grundstück.

Scheibner fuhr zu der ihm angegebenen Adresse und sprach mit dem Inhaber der Firma. Dabei stellte sich heraus, dass am 13. Dezember tatsächlich einer seiner Mitarbeiter, Jörg Kampner, 28 Jahre alt, in dem besagten Haus gewesen war, um im Keller eine Lampe zu reparieren. Er kam erst gegen Mittag in die Firma zurück und meldete sich sofort krank. Bis heute sei er nicht wieder zur Arbeit erschienen.

Scheibner fand heraus, das Kampner erst seit etwa zwei Monaten in der Firma beschäftigt war. Das Arbeitsamt hatte ihn vermittelt.

Über das Arbeitsamt stellte Scheibner fest, dass Kampner sehr oft die Stelle wechselte und meist nur Hilfsarbeiten übernahm, da er keine Schul- und Berufsausbildung vorweisen konnte.

Scheibner suchte zusammen mit Kollegen den nunmehr Verdächtigen Jörg Kampner auf. Er traf ihn zu Hause an

Der Frauenanteil liegt bei Serienmördern interessanterweise nur bei etwa 15 Prozent – allerdings mit steigender Tendenz. Dies mag an der veränderten Erziehungsgewohnheiten liegen.

In früherer Zeit wurde eine Frau schon als Kind dazu erzogen, Kinder zu bekommen und sich um Haushalt und Ehemann zu kümmern. Mädchen lernten frühzeitig, dass es sich nicht schickte, sich zu prügeln.

Aus Jungen wurden hingegen *ganze Männer* gemacht. Ein richtiger Junge prügelte sich, das machte ihn zu einem Mann, hatte er doch später die ganze Verantwortung für Beruf und Familie zu tragen.

Wenn es Gewalt durch Frauen gab, dann richtete diese sich entweder gegen die eigenen Kinder oder aber gegen sich selbst (Autoaggression). Das heißt, dass die Frauen sich selbst verletzten oder gar Suizid begingen.

In einer Zeit, in der die Frauen die gleichen Ausbildungs- und Karrieremöglichkeiten wie Männer haben, gibt es diese starren Grenzen nicht mehr: Auch Frauen lernen heute in gewissem Sinne, ihre Aggressionen nach außen zu tragen. Kinder werden im Allgemeinen nicht mehr geschlechtsspezifisch erzogen. So werden die Jungen nicht mehr unbedingt zum Ernährer und Beschützer ausgebildet, und die Mädchen haben andere Ziele vor Augen, als nur das Heimchen am Herd zu spielen.

Diese Tendenz spiegelt sich auch in der Täterstatistik wider.

und fragten ihn nach den Vorkommnissen am 13. Dezember. Gleichzeitig wurde seine Wohnung durchsucht.

Man fand, wie von Ann-Katrin Mackowiak prophezeit, diverse pornographische Gewaltvideos. Ein Fund allerdings war noch interessanter: Die Beamten fanden den vermissten Ohrring der ermordeten Susanne Berger.

Jörg Kampner wurde festgenommen.

Sein Lebenslauf glich in verblüffender Weise dem, den Ann-Katrin Mackowiak im Voraus geschildert hatte: Kampner war seinen Eltern wegen Vernachlässigung entzogen worden und hatte einen Teil seiner Kindheit und Jugend in verschiedenen Heimen verbracht.

Nach mehreren Delikten kam er zunächst ins Jugendgefängnis und später dann in die Psychiatrie.

Er schwänzte die Schule. Nachdem er gerade 18 Jahre alt geworden war, verließ er das Heim. Er brach die Schule ab und schlug sich mit Gelegenheitsarbeiten durch. Er hatte weder Freunde noch eine Beziehung zu einer Frau. Von Arbeitskollegen wurde er als unauffällig und freundlich, jedoch sehr schüchtern beschrieben.

Er leugnete die Tat bis zum Schluss, wurde jedoch anhand des Spermas, das auf der Leiche von Susanne Berger gefunden wurde, überführt.

Er wurde zu lebenslanger Haft verurteilt und nahm sich im Gefängnis das Leben.

14. Kapitel

Der Faktor Mensch
Zeugenaussagen und ihr Wert

Ich bin bereits eingangs kurz darauf eingegangen, dass die Zeugenaussage an sich zwar wichtig, aber immer mit Vorsicht zu genießen ist.

War man in früheren Zeiten vor allem auf Zeugenaussagen angewiesen, so kommt diesen heutzutage ein anderer Stellenwert zu. Sie helfen Theorien zu bestätigen oder zu verwerfen. In Verbindung mit anderen Sachbeweisen geben sie Klarheit darüber, ob der dargestellte Tathergang überhaupt logisch ist. Aber auf jeden Fall sind sie ein Beweis, der nicht auf moderner Wissenschaft beruht und trotzdem heute noch immer Gültigkeit hat, denn Polizeiarbeit spielt sich nicht nur in einem Labor ab, sondern beinhaltet auch immer der Umgang mit Menschen.

Es gibt Rechtssysteme, in denen die Zeugenaussage so gravierend ist, dass sie einen ganzen Prozess mitsamt seinen Indizien »sprengen« kann. Als bestes und vor allem jüngstes Beispiel für den Wert eines solchen Beweises kann der kürzlich beendete Prozess gegen Michael Jackson gelten.

Wir erinnern uns: Gerade im letzte Drittel des Verfahrens sah es für den des Kindesmissbrauchs beschuldigten Pop-

Star nicht gerade rosig aus. Das Gericht ließ als Beweis einen Fall ähnlicher Natur zu, in dem es ebenfalls um Kindesmissbrauch ging und der außergerichtlich geregelt wurde. Alles schien gegen den Angeklagten zu sprechen.

Aber das amerikanische Rechtssystem basiert auf dem Geschworenengericht. Hier sitzen 12 Bürger und befinden über Recht und Unrecht, Wahrheit und Lüge. Sie allein entscheiden, ob jemand schuldig und unschuldig im Sinne der Anklage ist.

In der Pressekonferenz, die die Geschworenen nach dem Freispruch des Popssängers abhielten, wurde betont, dass die von der Staatsanwaltschaft vorgebrachten Beweise nicht stichhaltig genug gewesen seien.

Vor allen Dingen sahen die Geschworenen die Aussagen des mutmaßlichen Opfers und seiner Familie als nicht glaubwürdig an.

Aber worauf begründetet sich diese Unglaubwürdigkeit?

Ganz interessant war die Aussage einer der Geschworenen. Diese Frau meinte sinngemäß, dass die Geschworenen von der Mutter des Opfers ständig angestarrt worden seien und dies als unangenehm empfunden hätten.

Bei jedem Außenstehenden, wie zum Beispiel bei mir, kam das Gefühl auf, dass diese 12 Menschen die Familie des Opfers nicht mochten und daher ihre Aussagen als nicht glaubwürdig einstuften.

Das ist meines Erachtens äußerst bedenklich.

Gott sei Dank ist es um unser Rechtssystem besser bestellt. Ohne Zeugen ist ein Prozess zwar auch hierzulande nicht denkbar, aber bei aller Wichtigkeit darf die Zeugenaussage nicht überbewertet werden. Sie kann fehlerhaft sein, denn Zeugen sind Menschen, und Menschen machen Fehler.

Gerade deswegen ist es wichtig, den Menschen in einem Buch, in dem es fast nur um Wissenschaft und Forensik geht, nicht zu vergessen.

Wie zuverlässig sind Zeugenaussagen? Auf diesem Gebiet forscht die amerikanische Psychologin Elizabeth Loftus schon seit Jahrzehnten. Dabei ist sie zu erstaunlichen Ergebnissen gekommen. Denn: Unsere Erinnerung funktioniert nicht, wie oft geglaubt wird, wie ein Videorecorder. Wenn ein Augenzeuge neue Informationen erhält, dann verändert sich auch das, an was er sich erinnert.

So kann zum Beispiel ein Augenzeuge einen »Täter« wieder erkennen, obwohl dieser unschuldig ist, weil der Verdächtige einem Fahndungsfoto oder Phantombild gleicht.

Suggestive Fragen können ebenfalls zu einer Umformung der Erinnerungsinhalte führen: In einem Versuch zeigte Loftus den Film eines Verbrechens und händigte den »Augenzeugen« danach einen Tatbericht aus. Eine Gruppe der Versuchspersonen erhielt einen Bericht mit falschen Angaben, die andere einen Bericht, der das eben gesehene korrekt wiedergab. Die Teilnehmer, die den falschen Bericht erhalten hatten, fügten ihren Erinnerungen die Falschangaben ein.

Bei einer weiteren Studie testete Loftus, wie die Formulierung einer Frage eine Erinnerung beeinflusst. Versuchspersonen sahen einen Film von einem Autounfall. Loftus stellte verschiedenen Gruppen die gleiche, aber leicht variierte Frage: »Wie schnell waren die Autos, als sie ineinander *rasten*?« Sie ersetzte das Wort *rasen* durch *ineinander fahren*, *kollidieren* und *aufeinander treffen*. Die von den Zeugen geschätzte Geschwindigkeit stimmte jeweils mit dem verwendeten Verb überein, das heißt, die Zeugen, die nach rasenden Autos befragt wurden, schätzten deren Geschwindigkeit höher ein als jene, die nach aufeinander treffenden Autos gefragt wurden.

> Wurde nach einem Objekt gefragt, das in den Filmen gar nicht zu sehen war (zum Beispiel: »Was tat der Mann im roten Anorak?«) antworteten die Zeugen mit erfundenen Geschichten.
> Elizabeth Loftus konnte auch feststellen, dass die Fehler in den Erinnerungen zunahmen, je länger die Beobachtung zurücklag.

Es gibt verschiedene Arten von Zeugen. Da sind erstens die so genannten *Knallzeugen*. Hierbei handelt es sich um Personen, die eigentlich nur etwas gehört haben und sich dann, im schlimmsten Fall, eine Geschichte zusammenreimen, die in der Form, wie sie dargestellt wird, gar nicht stattfand. Allerdings kommt man schnell hinter die Ungereimtheiten und kann so die Aussage als reines Phantasieprodukt entlarven und ad acta legen.

Schwieriger wird es, wenn sich *Augenzeugen* melden, die sich ebenfalls etwas zusammenreimen. Oft behaupten die Personen, dass sie den Räuber im Supermarkt genau erkannt haben, und dass er mindestens 1 Meter 80 groß war, schwarze, strähnige Haare hatte und schwarze Ledersachen trug. Irgendwann stellt sich dann aber heraus, dass der Täter eine Frau war, eine weiße Jeans und ein blaues T-Shirt trug und allerhöchstens 1 Meter 60 maß. Wie kommt so etwas zustande?

Auf keinen Fall steckt böser Wille hinter diesen Behauptungen. Im Gegenteil, die Leute wollen helfen. Ganz unbewusst schleichen sich diese fehlerhaften Wahrnehmungen in die späteren Aussagen ein, oder die »Augenzeugen« wollen helfen, haben aber überhaupt nichts gesehen und trauen sich nicht, dies zu sagen.

Aber es gibt eine Kategorie von Zeugen, denen ich schon mein ganzes Polizistenleben vertraut habe: Kinder.

»Kindermund tut Wahrheit kund«

Es ist fast zwanzig Jahre her, dass ich als junge Streifenpolizistin meinen Dienst in Hamburg versah. Einer meiner ersten Einsätze war ein Verkehrsunfall, den ich bis heute nicht vergessen habe.

Es war an einem kalten Spätnachmittag im Winter. Es war bereits dunkel und die Straßen waren spiegelglatt. Wir hatten Schneeregen, und alles trachtete danach, schnell nach Hause ins Warme zu kommen, als mein Kollege und ich über Funk einen Einsatz bekamen.

Zunächst glaubten wir, es handelte sich um einen *normalen* Verkehrsunfall, wie er in dieser Winterzeit oft vorkam, aber als wir an unserem Bestimmungsort ankamen, bot sich uns ein schreckliches Bild: Auf einer vierspurigen Hauptstraße standen mehrere Autos quer und zwischen all den Autos lag ein zusammengekrümmtes Bündel.

Als wir näher kamen, stellten wir fest, dass es sich bei diesem Bündel um eine Frau handelte, die scher verletzt auf dem nassen Asphalt lag und wimmerte.

Ihre Beine waren seltsam verdreht, sie war mit Blut überströmt. Ein Schienbein war gebrochen und die Knochen stachen aus der klaffenden Wunde.

Nachdem die Frau vom Notarzt versorgt worden war, konnten wir uns dem Geschehen zuwenden. Der Ablauf der Verkehrsunfalls war schnell geklärt. Die alte Frau wollte die vierspurige Straße überqueren und wurde von einem Auto erfasst. Sie wurde auf die Gegenfahrbahn geschleudert, wo sie von einem weiteren Fahrzeug, dessen Fahrer nicht mehr rechtzeitig hatte bremsen können, überrollt wurde. Der Fahrer, der sie zuerst angefahren hatte, war geflüchtet. Und damit begann unser Problem: Diverse Zeugen meldeten sich bei uns, die »alles ganz genau gesehen« hatten.

Der erste Zeuge beschrieb den Fahrer als einen langhaarigen jungen Mann in einem roten VW Käfer. Der zweite glaubte gesehen zu haben, dass es sich bei dem Fahrzeug um einen roten Lieferwagen gehandelt hatte, in dem zwei ältere Männer gesessen hätten. Ein weiterer Zeuge sprach von einem hellen Mercedes, dessen Fahrer ausgestiegen, ein paar Meter *getorkelt*, dann wieder eingestiegen und weitergefahren sei. Und so weiter.

Mein Kollege und ich waren der Verzweiflung nahe. Die Zeit verrann und die Chance, den Fahrer noch zu finden, schwand mit jeder Minute.

Plötzlich zupfte jemand an meiner Jacke. Als ich mich umdrehte, sah ich einen kleinen Jungen von etwa zehn Jahren vor mir stehen. Er sprach mich an.

»Du, Frau Polizistin, ich habe einen Freund, der hat alles gesehen.«

Ich selbst habe eine Schwester, die damals ungefähr in dem Alter des kleinen Jungen war, und so beugte ich mich zu ihm hinab, um ihm zu zeigen, dass ich ihn ernst nahm.

»Und wo ist dein Freund jetzt?«

»Der ist weggelaufen, weil er sich so erschreckt hat. Ich kann ihn aber holen.«

Ich lächelte ihn an. »Tu das.«

Ich habe nicht damit gerechnet, den kleinen Jungen oder seinen Freund noch einmal wieder zu sehen, aber nach 5 Minuten bahnte sich mein neuer kleiner Freund den Weg durch die Menge der Schaulustigen, mit dem Spielkameraden im Schlepptau.

»Hier ist er.« Stolz baute er sich vor mir auf und zog seinen Freund an der Hand heran. Der etwa gleichaltrige Junge sah sehr blass und ein wenig verschreckt aus. Ich ging in die Hocke und lächelte dem Neuankömmling beruhigend zu. Da ich zu arbeiten hatte, musste ich versuchen, die Jungen so schnell wie möglich wieder loszuwerden. Das war zumindest mein erster Gedanke.

»Und wie heißt du?«
»Markus.«
»Markus, du hast also alles gesehen?«
Er nickte.
»Und was hast du gesehen?«
»Einen dunklen Audi. Einen Kombi.«
»Woher weißt du das so genau?«

Sein kleines Gesicht verlor den erschreckten Ausdruck und wirkte nun ein wenig lebhafter. »Mein Onkel Wolfgang hat so einen und Papa hat gesagt, er will auch so einen haben, damit wir alle mehr Platz haben. Ich habe nämlich noch eine Schwester.«

Ich war verblüfft. Von einem dunklen Audi hatte bisher noch niemand gesprochen.

»Und hast du auch den Fahrer gesehen?«
»Mmh.« Er nickte heftig. »Der hatte dunkle Haare. Und einen Bart. So einen ganzen Bart.« Mit der Hand strich er um sein Kinn, um mir zu zeigen, dass er einen Vollbart meinte.

Mittlerweile wuchs mein Interesse, aber ich war mir noch nicht ganz sicher, inwieweit ich dem Jungen glauben konnte. »Bist du ganz sicher?«

»Ja, mein Papa hat auch so dunkle Haare, aber die sind länger und Mama sagt immer, er soll mal wieder zum Friseur gehen.«

»Okay. Hatte der Mann sonst noch etwas, das du gesehen hast?«

»Eine Brille. So eine hässliche, so wie unser Nachbar. Aber ich glaube, der in dem Auto war größer als unser Nachbar.«

»Wieso?«

»Der Mann in dem Auto sah aus, als wenn er mit dem Kopf fast gegen die Decke vom Auto stoßen würde.«

»War er so groß wie ich?«

Ich stand auf und reckte mich zu voller Höhe. Markus schüttelte den Kopf. »Größer. So wie der andere Polizist.« Er zeigte mit dem Finger auf meinen Kollegen, der ein wenig Abseits stand und mit seinen 1 Meter 85 alle anderen überragte.

»Ist der Mann denn ausgestiegen oder woher weißt du das so genau?«

»Mein Opa stößt mit dem Kopf auch fast an das Autodach und der ist ungefähr so groß wie der da.« Wieder ein Fingerzeig auf meinen Kollegen.

»Hast du sonst noch etwas gesehen?«

»Ja. Das Kennzeichen.«

Nachdem wir das Kennzeichen überprüft hatten, suchten wir den Halter des Fahrzeuges auf.

Der Autotyp stimmte und auch die Farbe, aber als der Mann uns auf unser Klingeln die Tür öffnete, traf mich fast der Schlag: Der Mann hatte einen Vollbart und schwarze Haare. Die Brille mit dem schwarzen Rand habe ich bis heute nicht vergessen. Er überragte mit 1 Meter 90 selbst meinen Kollegen.

Natürlich stritt er alles ab, aber an seinem Fahrzeug war ein frischer Schaden und auch Blut, das, wie sich später herausstellte, von der alten Dame stammte. Diese Beweise, zusammen mit der Aussage des kleinen Jungen, führten schließlich zu seiner Verurteilung.

Noch am Unfallort schenkte mir Markus eine Murmel, die ich bis heute besitze.

Jetzt stellt sich natürlich die Frage: Wie kommen solche Diskrepanzen zustande, und war die treffende Aussage des kleinen Markus ein Zufallstreffer?

Kinder assoziieren frei. Sie bringen Dinge, die sie sehen, mit dem in Zusammenhang, was sie bereits kennen. Dadurch sind sie in der Lage, das, was sie meinen, auch treffend wiederzugeben.

Natürlich haben sie viel Fantasie und es kann auch vorkommen, dass sie übertreiben, aber sie wissen, wann etwas wichtig ist, und auf gezielte Fragen geben sie klare Antworten.

Erwachsene assoziieren ebenfalls, aber anders. Der Verstand blockiert sie oftmals. Auch sie bringen das Auto mit *dem Auto von Onkel Wolfgang* in Verbindung. Aber wenn Onkel Wolfgang ein netter Mensch ist und auch das Auto fährt, das hier Schaden angerichtet hat, dann streicht der Zeuge unbewusst diesen Vergleich. Somit kann die Art Auto, die Onkel Wolfgang fährt, hier nicht beteiligt sein.

Wenn Onkel Wolfgang ein unangenehmer Mensch ist, kann das Ganze schon wieder anders aussehen. Vielleicht hat einer der Zeugen einmal einen anderen Verkehrsunfall beobachtet, an dem ein junger Mann mit langen Haaren beteiligt war. Dann hat er genau diesen Mann unbewusst beschrieben, weil nun für ihn die Kombination *junger Mann* und *lange strähnige Haare* auf immer mit diesem Ereignis verbunden bleibt.

Außerdem, und das ist faszinierend, sind Kinder bereit zuzugeben, dass sie vielleicht auch *gar nichts* gesehen haben.

Wie man hier gut sehen kann: Bei allem Fortschritt ist die Wissenschaft nicht alles.

Nachwort

Was war zuerst da?
  Das Huhn oder das Ei?
  Der Krieg oder die Armee?
  Die Lüge oder die Wahrheit?

Ich glaube, dieses Rätsel werden wir wohl nie lösen. Wir können endlos darüber diskutieren, aber eine eindeutige Antwort werden wir nicht finden.

Die Straftäter perfektionieren ihre Methoden, weil die Ermittler und die Wissenschaft nach immer neuen Möglichkeiten suchen, sie zu überführen. Aber warum suchen die Ermittler neue Techniken? Weil straffällige Menschen sich immer neue Szenarien überlegen.

Das Huhn und das Ei.
  Eine Schraube ohne Ende, die bereits im Kleinen bei jedem von uns anfängt.
  Denken wir an den letzten Schadensfall, den wir unserer Hausratversicherung gemeldet haben. Gab es da nicht etwas, das wir angegeben haben, obwohl es nicht rechtens gewesen ist?

Haben wir nicht ein Schlupfloch gesucht, um unter anderem Ansprüche geltend zu machen, die uns nicht zustehen?

Und hat die Versicherung dann nicht einen Sachverständigen geschickt, der das Ganze überprüfen musste?

Jedem von uns dürfte das schon einmal passiert sein, und als es geschah, waren wir eingeschnappt, weil die Versicherung letztendlich nicht so reagierte, wie wir uns das gewünscht hätten. Denn die Versicherungen werden immer hellhöriger und wir Verbraucher werden immer einfallsreicher.

Mittlerweile reicht es längst nicht mehr aus, Straftaten zu bekämpfen, nein, man versucht sie zu verhindern. Und das ist gut so, auch wenn einige von uns das anders sehen.

Ganze Straßenzüge sind mittlerweile von Kameras überwacht, ebenso Banken, Sparkassen, Einkaufszentren etc.

Natürlich überkommt uns manches Mal ein mulmiges Gefühl, wenn wir daran denken, dass jede unserer Bewegungen auf einem Stück Film festgehalten wird. Aber sind wir von einer Straftat betroffen und wurden Opfer, dann schreien wir Zeter und Mordio, wenn es kein Kameraauge gibt, das diese ruchlose Tat festgehalten hat.

Also, was liegt näher, als uns zu entscheiden? Ich persönlich habe nichts dagegen, wenn mein Bild auf einem Stück Film in einer Bank festgehalten wird, weil ich versuche, mir bewusst zu machen, dass das auch zu meiner eigenen Sicherheit geschieht.

Viele haben Angstvisionen von einer Big-Brother-Gesellschaft, die jeden unserer Schritte überwacht. Und doch schaltet die halbe Nation jeden Abend den Fernseher ein, wenn es darum geht, Menschen bei ihren alltäglichen Verrichtungen zu beobachten.

Wir nehmen Anteil, sind aber immer darauf bedacht, uns nicht einzumischen.

Wie oft habe ich dies in meiner beruflichen Laufbahn gehört: *Wir haben gewusst, dass da was nicht in Ordnung ist, aber man will sich ja nicht in Dinge einmischen, die einen nichts angehen.*

Aber warum nicht?

Wie oft werden Kinder misshandelt und gequält und die Nachbarn haben es gewusst, *aber man will sich ja nicht einmischen.*

Wir haben Mitleid, aber suchen Entschuldigungen dafür, dass es uns nichts angeht.

Erst vor wenigen Wochen gab es in Hamburg einen spektakulären Fall: Ein kleines Mädchen verhungerte, weil sich seine Eltern nicht um es kümmerten. Das Kind wurde nicht zur Schule geschickt und zu Hause unter Verschluss gehalten.

Angeblich hat niemand in dem großen Haus gewusst, dass es dieses Mädchen überhaupt gab. Ehrlich gesagt, so ganz sicher bin ich mir da nicht. Bis zu einem gewissen Zeitpunkt hatte das Mädchen noch genug Kraft, um zu schreien und zu weinen. Das will niemand gehört haben?

Alle nahmen Anteil. Bei der Beerdigung waren hunderte von Menschen anwesend, unter anderem auch die, die sich einfach nur herausgehalten hatten. Alle hatten Mitleid, viele weinten um dieses verschwendete kleine Leben.

Aber spinnen wir den Faden doch einfach mal weiter.

Was wäre gewesen, wenn das kleine Mädchen nicht gestorben wäre? Wenn es überlebt hätte? Man hätte die Eltern verurteilt und das Kind möglicherweise in ein Heim gesteckt, bestenfalls wäre es zu Pflegeeltern gekommen. Viele hätten den Fall dann irgendwann vergessen. Nun ist ja alles gut.

Aber zwanzig Jahre später wäre das Drama vielleicht weitergegangen. Das kleine Mädchen wiederum hätte vielleicht selbst Kinder gehabt, die eventuell ein ähnliches Martyrium durchlitten hätten.

Wäre die Mutter dann noch das Opfer? Nein, nun wäre sie Täter und hätte damit in den Augen der meisten Menschen jegliche Lebensberechtigung verloren. Stimmen, die *Kopf ab!* oder *Sperrt sie für immer weg!* schreien, werden in solchen Fällen laut. Hätten wir uns aber eher eingemischt, wäre es unter Umständen gar nicht so weit gekommen.

Auch hier sollte man sich entscheiden, oder?

Kein Mensch kommt schlecht zur Welt. Zu einem Mord ist jede Frau und jeder Mann fähig. Wir alle gestehen das anderen und vor allen Dingen uns selbst zu.

Natürlich gelten dafür bestimmte Voraussetzungen, die uns zumindest eine moralische Rechtfertigung garantieren.

Ich nehme mich da nicht aus. Auch ich würde zur Furie, wenn meiner Familie etwas angetan würde.

Ich erinnere mich noch an den lang zurückliegenden Fall der *Mutter Bachmeier*, die im Gerichtssaal den Mörder ihrer kleinen Tochter erschoss.

Obwohl sie einem Menschen, so schlecht er auch war, das Leben genommen hatte, wurde sie fast wie eine Heldin verehrt.

Jede Mutter und jeder Vater hat einmal, vielleicht auch laut, darüber nachgedacht, *so ein Schwein kaltblütig umzubringen*. Jeder von uns würde sehenden Auges und mit klarem Verstand einen Menschen töten, um ein unschuldiges Leben zu rächen.

Aber was ist mit den Menschen, die töten, weil sie krank sind? Weil sie vielleicht traumatisiert sind? Nein, das hat keine Gültigkeit für uns. Das wollen wir nicht akzeptieren. Keiner will wissen, dass die Mutter, die heute ihre Kinder verhungern lässt oder misshandelt, vielleicht als Kind auch Opfer gewesen ist.

Ich will keinesfalls falsch verstanden werden.

Ich versuche nicht, nach Entschuldigungen zu suchen für Menschen, die jedes Maß verloren haben. Ich will nur, dass jeder von uns nachdenkt und sich und seine moralische Empörung hinterfragt.

Eingangs habe ich die These des perfekten Mordes aufgestellt.

Warum gibt es ihn?

Weil die Täter den Ermittlern immer einen Schritt voraus sind?

Möglich.

Weil die Täter vielleicht Angst haben, für ihre Taten bestraft zu werden und schon allein deswegen versuchen, ihre Spuren zu verwischen?

Ganz bestimmt.

Oder vielleicht auch, weil wir, die Gesellschaft, lieber einmal wegsehen, anstatt einmal mehr hinzusehen?

Das wäre eine Überlegung wert.

Wenn ein Mensch, sei es Frau, Mann oder Kind, am helllichten Tag entführt wird, wenn er an einer belebten Straße in ein Auto gezerrt wird, sollte man dann nicht versuchen, mehr darüber herauszufinden?

Viele Menschen achten auf so eine Begebenheit nicht, denn es könnte sich ja um eine familieninterne Angelegenheit handeln – man will sich eben nicht einmischen.

Aber vielleicht hätte man ja dieses eine Mal mit seiner Einmischung Schlimmeres verhindert.

In denke, eine Überlegung ist das allemal wert.

Literatur

o. A.: *Besuch beim BKA-Lackarchiv.*
http://www.autojournal.de/report/lackarc.htm

o. A.: »Die Spur von Vergewaltigern«. *Die Welt*, 26. Mai 2005, S. 11

Bass, Bill/Jefferson, Jon: *Der Knochenleser*, München 2004

Brodersen, Kilian / Anslinger, Katja / Rolf, Burkhard: *DNA-Analyse und Strafverfahren*, München 2003

Bundeskriminalamt Wiesbaden: *Profil: Fingerabdrucksammlung.* http://www.bundeskriminalamt.de/profil/profil5.html, 2005

Douglas, John/Olshaker, Mark: *Die Seele des Mörders*, München 1998

Fink, Peter: *Immer wieder töten*, Hilden 2000

Haas, Stefan: *Der Experte und die Verwaltung des Todes. Symbolische und mediale Strategien medizinischer Entscheidungsexperten und administrativer Implementationsexperten am Beispiel des Diskurses über den Scheintod im frühen 19. Jahrhundert.*
http://www.uni-muenster.de/Geschichte/hist-sem/SW-G/mitarbeiter/stefhaas/experte.html

Harbort, Stephan: *Das Hannibal-Syndrom*, Leipzig 2001

Innes, Brian: *Leichen sagen aus*. Rastatt 2001

Kaye, Brain H.: *Kriminaltechnik*, Hamburg 2004

Keller, Christoph/Hülsmann, Ulrich: *Der genetische Fingerabdruck*, Heidelberg 2003

Musolff, Cornelia/Hoffmann, Jens: *Täterprofile bei Gewaltverbrechen*, Heidelberg 2002

Pfeiffer, Hans: *Der Zwang zur Serie*, Leipzig 1997

Rückert, Sabine: *Tote haben keine Lobby*, München 2002

Weihmann, Robert: *Kriminalistik*, Hilden 2004

wsa: »Inka opferten Kinder«. *Süddeutsche Zeitung*, 1. Juni 2005, S. 10

Zirk, Wolfgang/Vordermaier, Gottfried: *Kriminaltechnik und Spurenkunde*, Stuttgart 1998